WITHDRAWN
UTSA LIBRARIES

P9-EEB-589

RENEWALS 458-4574

DATE DUE

DATE DUE			
OCT 14			
GAYLORD			PRINTED IN U.S.A.

Alicia Galaz-Vivar Welden

ALTA MAREA

Introvisión crítica en ocho voces
latinoamericanas:
Belli, Fuentes, Lagos, Mistral, Neruda,
Orrillo, Rojas, Villaurrutia

editorial **BETANIA**
Colección ENSAYO

Colección ENSAYO

Portada: *La Cruz de Tlaloc.*

LIBRARY
The University of Texas
At San Antonio

© Alicia Galaz-Vivar Welden, 1988.
Editorial BETANIA.
Apartado de Correos 50.767.
28080 Madrid. España.

I.S.B.N.: 84-86662-23-0.
Depósito Legal: M-32520-1988.

Imprime: Artes Gráficas Iris, S. A.
          Lérida, 41.
          28020 Madrid. España.

Impreso en España - Printed in Spain.

PROLOGO

Durante los últimos años hemos descubierto la importancia de la lectura crítica como actividad de doble vertiente significativa, como descodificación que a su vez se define a sí misma como una nueva codificación, como una segunda propuesta de sentido del texto original o la fuente primaria que el crítico trabaja. Los antiguos maestros que se estudiaban tiempo atrás (y espero que se sigan estudiando) nos enseñaban que la actividad de leer constituía una segunda creación. La obra literaria se realizaba plenamente en la medida en que era leída y su "mensaje" descodificado por el lector, cuya responsabilidad era "recrear" el proceso creativo del primer autor. La actividad crítica quedaba limitada, pues, a la de mero descubrimiento, revelación de aquello que existía oculto, pero ya configurado y definitivo, en el entramado artístico del lenguaje. Hoy, por el contrario, se descarta la pasividad de la lectura en pro de una recepción que colabora activamente en la fundación del significado original del texto literario. El crítico ha abandonado su situación de lector privilegiado para transformarse en segundo autor indispensable en la construcción del sentido de la obra.

Iluminado por estas ideas, el discurso crítico actual pretende alcanzar límites más lejanos que aquellos a los que llegó la crítica tradicional. No sólo aspira a descubrir el sentido que el primer autor ha proyectado sobre el texto, cualquiera que éste sea. Su propósito es mucho más ambicioso. Persigue también revelar al crítico en sí mismo, al intelectual que se proyecta sobre un texto primero para encontrar en él un sistema de ideas, un marco de referencias que lo define como segundo creador, como fundador de una realidad que surge del texto en cuestión, pero que no existiría sin la palabra segunda, sin el metatexto que el crítico desarrolla a partir de una palabra ajena. (En este momento me pregunto entonces si verdaderamente cabe hablar de "ajenidad" del lenguaje poético cuando lo enfrentamos al lenguaje crítico). ¿Por qué un crítico solicita la obra de ciertos autores e ignora a otros? ¿Qué razones lo llevan a seleccionar unas posibilidades y desechar otras en medio de un espectro de ofrecimientos innumerables? ¿Por qué ciertos aspectos del discurso primero son destacados en el metatexto crítico? ¿Cuáles son los marcos de referencia desde donde el crítico observa el discurso literario y en qué se transforma la obra literaria como natural resultado de dicha proyección? Estas y otras preguntas que pudieran enumerarse en extensa cadena comprueban la importancia que asume hoy la actividad crítica considerada no ya como mera guía de lectores entusiastas, sino más que nada como fundadora y contribuyente del sentido literario.

En este aspecto, el volumen *Alta Marea* manifiesta la poderosa proyección intelectual de su autora sobre cada uno de los textos analizados. La manera como Alicia Galaz conceptualiza su libro es altamente significativa: "Introvisión crítica en ocho voces latinoamericanas". Por lo que revelan los ensayos que componen el volumen, *introvisión crítica* define un análisis riguroso que surge desde el interior mismo de los textos con el propósito de sacar a luz la estructura dinámica que los sostiene. Consecuentemente, en cada ensayo se privilegian en mayor o menor grado diversas categorías que en su conjunto descubren el modelo analítico que la autora proyecta sobre la materia respectiva. En ciertos casos se destaca la relación entre el texto y el concepto global de la literatura que sostiene la producción del autor; en otros, el énfasis se coloca en el estudio de las categorías definidoras de la voz poética que se escucha en su interior; en ciertos momentos, la atención se dirige a revelar la ley de estructura plasmada en el discurso; permanentemente se subrayan con detenimiento los rasgos que ofrece el nivel lingüístico de los textos sometidos a la observación crítica.

El tipo de análisis que ofrecen los ensayos de Alicia Galaz no diferiría de la actividad estructuralista a la cual estamos acostumbrados si el propósito de la autora se detuviera en este punto, es decir, en la constatación del funcionamiento de una determinada estructura general en cada uno de los ocho discursos literarios para los cuales se solicita el interés del lector. Por el contrario, el concepto de *introvisión crítica* se proyecta más allá de una actividad de este tipo. Es, efectivamente, un análisis que surge desde el interior del texto y que respeta la individualidad del discurso poético, pero al mismo tiempo es también una proposición de sentido que se desenvuelve desde una perspectiva definida y categórica frente al fenómeno literario considerado como expresión de indudable hispanoamericanidad. Llegamos así al momento en que se introduce la presencia del crítico que no sólo descubre, sino que también propone sentidos y funda orientaciones para los textos que analiza. ¿Por qué ocho autores hispanoamericanos de distintas genera-

ciones, de diferentes latitudes y nacionalidades, pro-
ductores de discursos literarios adscritos a distintos
géneros, son agrupados en este volumen y definidos
como la "alta marea" del océano literario hispanoamericano? Me atrevo a responder que todos ellos, de una
manera u otra, materializan en su palabra poética la
perspectiva desde la cual se ejerce la actividad crítica de
Alicia Galaz, explícitamente declarada en la introducción
al ensayo sobre el narrador peruano Winston Orrillo:
"Recrear el aliento intrahistórico, recrear el impulso,
los modos de pensar, la filosofía de la vida, revivir los
apegos y desapegos, es entregar parte importante de lo
que llamamos lo hispanoamericano. Esto —y no
adoptar un empaque regionalista— es lo que trae sus
aguas profundas y su quehacer intelectual".

Esta es una declaración de principios que inmedia-
tamente nos señala la presencia del crítico actuando
como intermediario entre el lector y el texto con el
propósito de conducir la recepción del objeto literario
de acuerdo a los principios que legalizan su actividad
intelectual. Así, los textos se iluminan y adquieren un
nuevo sentido según sea el marco de referencia que
define al propio crítico. En este caso, los ensayos de
Alta Marea demuestran una notable coherencia entre
el discurso analizado y la voz crítica que se vierte sobre
ellos. Alicia Galaz ha sido durante muchos años una
personalidad fuertemente atraída hacia la expresividad
del discurso manierista y barroco. En cuanto profesora
de literatura (primero en Chile y después en Estados
Unidos) ha hecho de Góngora un motivo de investiga-
ción permanente; poeta ella misma, el poderoso temple
de ánimo del discurso manierista es indudable en su
propio decir lírico, como lo atestigua su último libro
Oficio de mudanza, que se presenta encabezado por un
epígrafe gongorino.

Consecuente con su propia manera de expresar e intelectualizar su propia circunstancia, Alicia Galaz nos ofrece un grupo de autores en los cuales, bajo una u otra faceta de su creación, existe el irresistible aliento de una cosmovisión manierista de la realidad, intratexto que la autora privilegia explícita o implícitamente funcionando en diferentes niveles de la estructura literaria. Los diferentes aspectos que se destacan en los discursos analizados —ya se trate de la importancia que adquiere la personalidad del yo poético; de la función estética de denuncia y testimonio; del esfuerzo por renominar los objetos de la experiencia diaria, de sacar a luz la realidad escondida por debajo de ésta o del intento por encontrar la unidad perdida bajo la escisión del mundo cotidiano; la atracción hacia la magia o el mito; el discurso lírico que se proyecta a partir del testimonio, etc.—, son, en último término, manifestaciones de un temple de ánimo común que se nos propone como sostenida actitud manierista ante la existencia.

En esto radica, a mi juicio, el principal atractivo de *Alta Marea*. Además de su indudable rigor analítico, el lector tiene en sus manos un libro que lleva implícita la hipótesis de que por diversas vías, o a través de variadas formas de expresión, "lo hispanoamericano" se identifica de una u otra manera con esa actitud polémica y dinámica del espíritu que llamamos manierista. Personalmente, creo que dicha hipótesis no es bajo ningún aspecto incorrecta. Las características más notables que exhibe el discurso literario en nuestro continente no pueden menos que sugerir tal posibilidad. No se trata, por supuesto, de recaer una vez más en la homología entre el pensamiento hispanoamericano y el peninsular o el europeo, interpretación de la que tanto esfuerzo nos cuesta liberarnos y que de ninguna manera es recogida en los ensayos de *Alta Marea.* Se trata, por el contrario, de afirmar que no hay mejor denominación para una cultura tan única, exclusiva y dinámica como la hispanoamericana que el adjetivo manierista, eso sí, tal como lo entiende hoy la moderna historia de las ideas. Y los ensayos reunidos en este volumen hacen magnífico eco de dicha insinuación.

José Promis
Universidad de Arizona

CARLOS GERMAN BELLI
O LA FARSA PARLANTE
PARODICA

La obra de Carlos Germán Belli tiene una continuidad admirable[1] y, en ella, la preocupación por el lenguaje constituye una obsesión. En una entrevista el poeta confiesa que destruyó sus primeros poemas, los escritos entre los dieciséis y veinte años. "Eran textos modernistas, textos rubendarianos y poemas tradicionales a la manera de Lope"[2]. La razón que motiva este auto de fe es más bien de índole espiritual, "por las vacilaciones que tenía frente al quehacer literario, por las vacilaciones existenciales"[3]. Belli ha dicho: "Trato de enseñorearme de una sintaxis intemporal,

---

[1] En 1958 publica *Poemas,* con una clara estirpe surrealista. *Dentro & fuera* (1960) es una plaqueta con cierto humor, juegos fonéticos y visuales, elementos de ancestro escatológico y cierto irracionalismo onírico surrealista. En 1962 aparece *¡Oh hada cibernética¡,* donde el poeta se encuentra con los plenos poderes de la palabra. Sus versos lanzan una poesía confesional idónea y auténtica en un desgarrado tono testimonial. *El pie sobre el cuello* (1964) afianza su experiencia artística con la misma tonalidad de la obra anterior. En 1966, *Por el monte abajo* amalgama más su estilo gongorino y su herencia puesta en los clásicos, pero como un instrumento para su fuerte denuncia y su desengaño, aunque con la esperanza en que algún día el hombre deje de estar alienado y sometido al yugo de un amo, cualesquiera que éste sea. En 1970 aparece *Sextinas y otros poemas.* Es importante destacar que en 1967 la Editorial Alfa de Montevideo publica una edición completa de todos los libros escritos hasta 1966, bajo el título de *El pie sobre el cuello.*

[2] Marithelma Costa y Adelaida López, "Entrevista: Carlos Germán Belli", *Hispamérica,* 39 (1984), p. 31.

[3] Costa, p. 31.

que no es de este tiempo, basada en el hipérbaton y en la elipsis, como la que ostentaba Góngora, Medrano o Carrillo y Sótomayor"[4].

En lo esencial, crea —con su obra total— un cosmos poético original y, como afirma Carlos Cortínez, "la rigurosa coherencia que se le ha alabado al poeta puede ser advertida ahora, también en sus libros primerizos"[5].

En este uso de la sintaxis, vocabulario y recursos expresivos gongorinos, cabe preguntarse si es plagio o collage. No solamente imita lo formal, sino que, también, la burla, el humor, la comicidad, el chiste. El humor es más negro y la denuncia tiene un empaque testimonial. Critica la mistificación, la mentira, el simulacro. Es el yo poético que, con el humor, suscita primero su propia autoconmiseración, por su situación de encadenado, alienado, expoliado, sometido a la coherción, al abuso y "al cepo"[6]. Su poesía es tan lúcida que su autopiedad se extiende a toda la humanidad y alcanza al lector mismo que se hace partícipe de este desenmascaramiento.

La crisis es tan aguda que involucra al lenguaje. La introducción de vocablos infrapopulares y de giros gráficos desnudos a todo artificio, que coexisten con un lenguaje conceptista y manierista, conlleva el deseo de restaurar en la palabra su primigenio poder de comunicación. Belli recurre al lenguaje elemental en

---

[4] Palabras pronunciadas por C. G. Belli en el acto de presentación del libro *El pie sobre el cuello* (Montevideo: Alfa, 1967) y transcritas por Javier Sologuren, *Tres poetas, tres obras: Belli, Delgado, Salazar Bondy. Claves para su interpretación* (Lima: Instituto Raúl Porras Barrenechea, 1969), p. 35.

[5] Carlos Cortínez, "*Dentro & fuera* de Carlos Germán Belli", *Poesía latinoamericana contemporánea* (Guatemala: Universidad de San Carlos, 1984), p. 72.

[6] "Pero tu cepo es, ¡ay Lima!, bien lo sé,/ que tanto cuna cuanto tumba es siempre,/ para quien acá nace, vive y muere". Carlos Germán Belli, "Cepo de Lima", vs. 10-12 *(Por el monte abajo), El pie sobre el cuello* (Montevideo: Alfa, 1967), p. 87.

un esfuerzo por volver a nombrar las cosas por sus nombres, de volver al don de conocimiento y a la relación natural del lenguaje en su estado inicial de mentar las cosas del mundo de la naturaleza y de la cultura. Hay una ausencia o escasez de retórica en esta búsqueda de claves lingüísticas que expresen una sociedad en crisis. Las figuras literarias tradicionales son un ademán elegante pero ineficaz. El poeta expone un universo existencial traccionado por la soledad y arrasado por el abuso del poder en una sintaxis retorcida y con imágenes gráficas infrapopulares irrespetuosas.

Este yo patético es un sufriente resignado. No tiene el optimismo iluso de apertura a una solución utópica teórica, ni social, ni religiosa. Acuden, así, las imágenes triviales de un mundo sórdico, deforme y grotesco, la parodia poética y la minimización del yo —un yo víctima—, sujeto de humillación y de burla. En el paroxismo de este sufrir hay un Dios silencioso. El balbuceo, el letrismo, el chiste, lo escatológico y una incoherencia radical muestran un yo permanentemente monologante y obsesivo. Julio Ortega ha escrito: "Belli capta y asume la realidad actual; de modo que traspuestas a una atmósfera opresiva y desintegradora, al tenso mundo moderno de su testimonio, esas formas —sintaxis, léxico, imágenes— adquieren un valor de contradicción, están entre el *pastiche* y la nobleza verbal, entre la profunda caricatura y la aspiración a una coherencia perdida"[7].

La poesía de Belli apunta a la denuncia de la deshumanización del hombre en la sociedad contemporánea: una sociedad que ha perdido su vínculo con la naturaleza, donde los valores aparecen ausentes, las conductas humanas carecen de sentido, donde deviene

---

7   Julio Ortega, "Carlos Germán Belli", *Figuración de la persona* (Barcelona: Edhasa, 1971), p. 134.

el absurdo y las palabras son cáscaras vacías, sonidos —significantes sin significado—, y donde los gestos humanos no son más que caricaturas grotescas. Lo sublime de la peripecia de ser hombre desaparece y se interrumpe el diálogo con la naturaleza: del hombre con Dios.

La distorsión de la palabra, el uso de la sintaxis manierista gongorina y el yo poético confesional, son elementos expresivos de la contemporaneidad de Carlos Germán Belli. Su autenticidad y su ser inmerso en la realidad hispanoamericana son enfatizados por Enrique Lihn, cuando afirma que es "perhaps the most eccentric poetic language to arise in the last twenty five years. And also, perhaps, the one most deeply anchored —as a thorn in the flesh— in the fundamental problems of Latin America, where all of us live and write 'with a foot on our throat'"[8].

Lo infrapoético, lo prosaico vulgar y el clisé del habla popular coexisten con la estructura lingüística culta: el vocabulario cultista, la sintaxis gongorina de aristocrática tradición conceptista y barroca *("bien que para muchos"*[9]; *"por quítame esas pajas"*[10]; *"ya pulpa y triste a zaga / sin ningún ruido, / patita de mi coja / que se destripa"*[11]).

Javier Sologuren explica que "todo situaría al poema belliano dentro de una escuela y un canon obsoletos, si el poeta no hubiera sabido valerse de tan varios recursos poniéndolos al servicio de sus propios problemas humanos, familiares y sociales; procedi-

---

[8]   Enrique Lihn, "Carlos Germán Belli", traducción de Jo Anne Engelbert, *Review*, 31, p. 7.

[9]   Belli, "Bien que para muchos" *(¡Oh hada cibernética!), El pie sobre el cuello,* p. 43.

[10]   Ibid.

[11]   Belli, "Canción" *(Poemas), El pie sobre el cuello,* p. 14.

mientos que ha sabido aplicar, a fuer de artista consciente y voluntarioso, en su original expresión"[12].

Belli no niega la afición a seguir de cerca los modelos de alto abolengo clásico: "Yo arranco sistemáticamente de otros estilos, de otros escritores. No me avergüenzo de las intertextualidades. Las utilizo adrede, como los modernistas hispanoamericanos con los estilos parnasiano y simbolista"[13].

No oculta su inclinación por Góngora: "Queremos saber qué es lo primero que piensa al oír los nombres de ciertos autores. El primero es Góngora: —Está presente en mi propia ciudad, en la misma arquitectura barroca limeña. También está presente en el neobarroco literario hispanoamericano. Podríamos decir que es una suerte de fundador de la poética de la generación del 27"[14].

El vocabulario reitera las claves significativas obsesivas: autoconmiseración, defectos físicos, palabras modernas de la tecnología, enfermedades, funciones fisiológicas, cierta insistencia en lo morboso con ribetes hipocondríacos. En general se trata de significaciones que acentúan un feísmo orientado hacia lo escatológico. Son comunes las referencias a: *bolo alimenticio* y/o *fecal, buche, heces, pelo, recto, tripas, genital, sudoríparas, bilis, labio leporino, fetos, cojo, manco, tartamudo, tullido, tuerto, bizco.* También son comunes los giros infrapopulares: *echar los bofes, hasta las cachas, te cuelas otra vez, descuajaringándome, por quítame allá esas pajas.*

Como se ha dicho, Belli hace coexistir con este lenguaje infrapoético, degradado, un lenguaje de abolengo clásico y de erudición manierista gongorina; así, se reúnen motivos de inspiración clásica bucólica de

---

12 Sologuren, p. 37.
13 Costa, pp. 31-32.
14 Ibid., p. 40.

estirpe garcilarsiana: *Filis, Anfriso, Cloris, Tirsis.* El
manierismo gongorino se expresa en vocablos cultos:
*cerúleo, claustro, austro, orbe, hidrópico, áureas,
lauro, favonio, Noto, Betis, Bética.* La dificultad docta
del vate cordobés está también en la sintaxis belliana.
Los motivos clásicos se actualizan con un recurrente
vocabulario de neologismos de abolengo tecnológico:
cibernética, sublunar, robot, celofán, supersónico.

Un registro reiterativo de fórmulas sintácticas a la
manera gongorina se encuentra en toda su obra:

> *si de fuego no, de aire*[15]

> *no del seso, no, por los ornamentos,
> mas sí por la común necesidad*[16]

> *no cual crudo alboroto,
> mas sí en silencio*[17]

> *no secuaz sólo, mas encendido hijo*[18]

> *no sobre el chasis, mas sí en el cráneo*[19]

> *do nunca escalfan huevos, sino montes*[20]

En la poesía de Carlos Germán Belli lo grotesco, lo
paródico, la caricatura, tienen su desafiante urgencia.
En juegos paranomásicos la minimización del yo se
enfatiza, al mismo tiempo la capacidad humana para

---

[15] Belli, "Algún día el amor" *(¡Oh hada cibernética!), El pie sobre el
cuello,* p. 44.
[16] Belli, "No del seso" *(¡Oh hada cibernética!), El pie sobre el cuello,*
p. 61.
[17] Belli, "¡Oh apacible padre mío!" *(¡Oh hada cibernética!), El pie sobre
el cuello,* p. 63.
[18] Belli, "El hi de aire" *(¡Oh hada cibernética!), El pie sobre el cuello,* p.
66.
[19] Belli, "Las abolladuras" *(El pie sobre el cuello), El pie sobre el cuello,*
p. 73.
[20] Belli, "El horno" *(El pie sobre el cuello), El pie sobre el cuello,*
p. 74.

el sufrimiento trágico se expresa en autorreferencias empobrecedoras del yo. Es reiterativa la idea de que el poco seso o inteligencia, la torpeza, en suma, ha dejado enredado al hablante lírico, atado, a la zaga; así, leemos en la "Sextina del Mea Culpa":

> *desde que por primera vez mi seso*
> *entretejió la malla de los hechos,*
> *con las torcidas sogas de la zaga,*
> *donde cautivo yazgo hasta la muerte*[21]

Esta condición desmedrada lo conduce atado a las profundas simas del deterioro y del fracaso:

> *En tanto que los otros raudo suben,*
> *a la par a este feudo nos venimos,*
> *a derribarnos en sus hondos antros,*
> *que así tal vez el horroroso cetro*
> *del deterioro habremos*[22]

En lo escatológico, el "Epigrama II" se lleva la palma. El poeta alude, entre otras delicadezas, al cuerpo cabelludo, a su grasitud, a las liendres, a los piojuelos, al buche, al piojo y a los huevecillos del piojo[23].

La expresión gráfica de estar con el pie del amo sobre el cuello explicita la delectación o repetición de fruición masoquista de la condición de víctima:

> *Ya sordo, manco, mudo, tuerto, cojo,*
> *con el chasis yo vivo de mi cuello*

---

[21] Belli, "Sextina del Mea Culpa" *(Por el monte abajo), El pie sobre el cuello,* p. 105.

[22] Belli, "Por el monte abajo" *(Por el monte abajo), El pie sobre el cuello,* p. 104.

[23] Belli, "Epigrama II" *(Por el monte abajo), El pie sobre el cuello,* p. 98.

> *bajo el rollizo pie del hórrido amo,*
> *y junto aun al estrecho fiero cepo*[24]

Y en el mismo poema, más adelante, este otro obsesivo autoconmiserativo testimonio:

> *pero cojo yo en fin y con mi cuello*
> *desde cepo cautivo, heme, ¡ay crudo hado!,*
> *¡ay vil amo!, en pos siempre de un breve ocio*[25]

Y en "La Ración" escribe:

> *Bien que con mi gollete yo al duro cepo,*
> *sin culpa alguna desde siete lustros,*
> *y en mis barbas a su bastón asidos*
> *los crueles amos blancos del Perú*[26]

Y la condenación lapidaria de estos amos:

> *que los amos*
> *van dejando*
> *sobre el orbe*
> *sólo daños*[27]

En esta poética anclada en la lamentación tiene parte importante la que se refiere a las quejas del hablante lírico por haber sido sacado de su condición de feto. Se trata de una queja reiterada que añora el claustro materno, el refugio brillante:

---

[24] Belli, "Sextina Primera" *(El pie sobre el cuello), El pie sobre el cuello,* pág. 80.
[25] Ibid., p. 81.
[26] Belli, "La ración" *(El pie sobre el cuello), El pie sobre el cuello,* p. 78.
[27] Belli, "¿Do mi lucro?" *(¡Oh hada cibernética!), El pie sobre el cuello,* p. 59.

> *¿Por qué me han mudado*
> *del claustro materno*
> *al claustro terreno?* [28]

Como leitmotiv hay la antinomia irreductible del yo medroso, alienado, víctima sufriente por un fatalismo ciego y de los amos, de los que tienen el poder y el dinero, la autoridad y la cultura; esto es, los poderosos y los débiles. Entre estos últimos se incluye al poeta en sempiterna queja, en evidente catarsis. En su persistente minimización del yo, éste llega a ser tan mínimo que intenta ocultarse bajo tierra y, por último, desaparecer, desintegrarse en "pedacititos":

> *y optamos por hundirnos*
> *en el fondo de la tierra,*
> *más abajo que nunca,*
> *lejos, muy lejos de los jefes,*
> *hoy domingo,*
> *lejos, muy lejos de los dueños,*
> *entre las patas de los animalitos,*
> *porque arriba*
> *hay algunos que manejan todo,*
> *que escriben, que cantan, que bailan,*
> *que hablan hermosamente,*
> *y nosotros rojos de vergüenza,*
> *tan sólo deseamos desaparecer*
> *en pedacititos* [29]

En otro texto se presenta la reiteración del diminutivo con valor estilístico en correlación paralelística:

> *Si a la plantita no le dicen:*

---

[28]   Belli, "Por qué me han mudado" *(¡Oh hada cibernética!), El pie sobre el cuello,* p. 43.

[29]   Belli, "Segregación N.º 1" *(Poemas), El pie sobre el cuello,* p. 16.

'ésta es la mejor cosecha',
si al animalito no le dicen:
'éste es el mejor gruñido',
si al hombrecito no le dicen:
'ésta es la mejor cópula',
entonces para qué sobre el suelo:
planta - animal - hombre [30]

En la minimización paródica del yo, los términos culinarios y un vocabulario visceral, a veces de acepción patológica, producen el tono grotesto y el feísmo adquiere categoría estética. Por ejemplo, la reiteración de la idea de que el mundo es lo temible, lo enemigo:

Este mundo que una boca es de lobo
y erizada aun de leporino labio [31]

El poeta se define como un hombre a la zaga, al final y derrotado. El sistema lo encierra y lo absorbe. Reitera expresiones familiares infrapoéticas levemente modificadas. Un ejemplo es la frase familiar *echar el bofe* [32]:

Estos que hoy bofes boto mal de mi grado [33]

de acá para acullá de bofes voy [34]

Hay instancias en la poética de Belli donde se acentúa la preocupación visceral casi hipocondríaca.

---

[30] Belli, "Si a la plantita" *(Dentro & fuera), El pie sobre el cuello,*
p. 34.
[31] Belli, "Labio leporino" *(Por el monte abajo), El pie sobre el cuello,*
p. 92.
[32] Echar el bofe: trabajar demasiado, hasta quedar exhausto, con los pulmones agotados.
[33] Belli, "Los bofes" *(El pie sobre el cuello), El pie sobre el cuello,*
p. 75.
[34] Belli, "Amanuense" *(El pie sobre el cuello), El pie sobre el cuello,*
p. 80.

El humor se plantea en reiteradas autorreferencias a lo fisiológico, a la digestión y a ciertos órganos que cobran primerísima importancia. El bolo alimenticio y su trayecto a través de los órganos de la digestión están magnificados con una técnica microscópica. En "Expansión sonora biliar" la creación onomatopéyica y gráfica letrista contribuyen a crear una imagen acústica que alude a la afección hepática biliar. El poeta trasunta soledad, absurdo, insatisfacción. En este tipo de texto, en un desdoblamiento, el poeta se contempla a sí mismo en toda su peripecia del existir fisiológico. Es una objetivación de detalles antipoéticos que revelan la misma tónica dominante de la minimización del yo, de un yo poseído por el miedo, la indefensión, la autoconmiseración, el sentimiento del absurdo del yo degradado, alienado por la sociedad. La ironía, la burla, lo grotesco y la gigantización de lo pequeño contribuyen a configurar una suerte de épica burlesca:

Bilas vaselagá corire
biloaga bilé bleg bleg
blag blag blagamarillus
Higadoleruc leruc
fegatum fegatum
eruc eruc
fegaté gloc gloc
le lech la lach
higadurillus
vaselinaaá
Hegasigatus glu glu
igadiel olió
glisetón
hieeel
glisetón
gliseretuc
hieeel

gliseterac
hieeeeel [35]

La sintaxis gongorina se hace más vigente en *Sextinas y otros poemas* [36]. Al parecer, el poeta se apodera de la dificultad sintáctica del poeta cordobés del siglo XVII. Al mismo tiempo, Belli ha ganado seguridad en sí mismo y en su obra. Esta supera el tono desgarrado de los libros anteriores; es decir, es una poesía cada vez más seria, retorcida y ambigua, mostradora de la angustia y del absurdo, con un sentimiento decantado, aparentemente menos hostil. La tragicómica minimización del yo se atenúa. Las tintas negras han sido diluidas y el humor es epigramático. Las *Sextinas* reiteran los mismos temas y acentúan el lenguaje manierista gongorino. El yo confesional paródico continúa siendo perseguido: "en perseguirme nunca cejan fieros" [37]. Es continuamente expoliado como una bestia de carga:

Yo cuánto olvidadizo soy ahora
con el rocín, la acémila, el pollino,
a cuyo lado pata a pata vivo [38]

Todo es para otros en esta inequitativa sociedad: "que mínima pizca no asir puedo hasta ahora" [39].

La mujer es el arcano de la noche con su misterio, nunca poseído por el yo confesional del poeta:

en verdad ni siquiera un palmo así
de vuestro cuerpo y alma yo poseo [40]

---

[35]   Belli, "Expansión sonora biliar" *(Dentro & fuera), El pie sobre el cuello,* p. 32.

[36]   Carlos Germán Belli, *Sextinas y otros poemas* (Santiago: Editorial Universitaria, 1970).

[37]   Belli, "Los estigmas", *Sextinas,* p. 25.

[38]   Belli, "El olvidadizo", *Sextinas,* p. 33.

[39]   Belli, "Las cosas esquivas", *Sextinas,* p. 35.

[40]   Belli, "A la noche", *Sextinas,* p. 37.

En el reparto terrestre o interplanetario todos llevan su parte, sólo el hablante lírico queda despojado y expoliado por innumerables garfios, cucharas, "y mi ración se llevan"[41].

El tiempo es el fórceps en el pensamiento conceptista de la muerte:

> *Ya no fórceps ahora sino el tiempo,*
> *a saltos en la bolsa día a día,*
> *del canguro invisible de la vida*[42]

Participa de la preocupación astrológica gongorina:

> *Del mundo algo al fin no lejos era,*
> *tras la voraz canícula,*
> *que el Orión de las cosas mudó todo,*
> *pasando del confín allá del éter*[43]

Las imágenes gráficas con aumento microscópico, burlón y paródico de sí mismo, son frecuentes, como cuando alude a sus dedos hinchados a causa de sus "planetarios horribles sabañones"[44].

Parlante paródico, el yo confesional reitera tautológicamente que sufre. La autoconmiseración de Belli es similar al lamento o llanto de un niño. Siempre repite las mismas notas: los amos, los que tienen el poder le oprimen, le ponen el pie sobre el cuello, él debe trabajar mucho en una atmósfera de asfixia y nunca disfrutar de un ocio. Su poesía repite un eco infantilista. En esta exageración del desvalimiento del yo son frecuentes sus vocativos *mamá* y *papá*, cuyas imágenes tutelares presiden una especie de juicio condenatorio de su conducta terrestre. Está vivo el deseo

---

41   Belli, "Los extraterrestres", *Sextinas*, p. 39.
42   Belli, "Sextina 'El Bofedal' ", *Sextinas*, p. 47.
43   Belli, "Al otoño", *Sextinas*, p. 50.
44   Belli, "Al invierno", *Sextinas*, p. 57.

de haber permanecido en el claustro fetal, como se ha dicho con anterioridad; aquel lugar luminoso y protegido que eventualmente lo hubiese defendido del deterioro y del absurdo y del sinsentido de muchos actos o situaciones humanas de alienación.

Los victimarios están presentes, pero sólo una adjetivación peyorativa incidental los describe como *crueles, el timador blanco, los crueles amos blancos del Perú, padre Fisco.* En general quedan un tanto despersonalizados. Son ellos los que producen la expoliación abusiva, pero el foco de la atención es reclamada para el yo inerme del sujeto lírico, cuyo deseo de evasión lo convierte en añorante del paraíso perdido: la Bética ideal. Si bien los amos están un tanto despersonalizados su evocación es reiterativa y es motivo de una acusación irónica lanzada contra la sociedad y el universo; es decir, contra un fatalista acontecer que lo mantiene aherrojado en brega inútil por sacudirse el yugo cruel. Su intuición poética se plasma en una voz irónica que "parla" y "parla" —a lo paródico— con desenfado, en una desesperada y asfixiante muerte prolongada minuto a minuto, en un estatismo absurdo aunque inevitable. De vez en cuando se eleva una voz desafiante que espeta su malestar social e indefensión. Atrapado en "cepo de Lima"[45], inmerso en esta inmovilidad agónica, lanza un reto a la absurdidad del mundo y al silencio de Dios. No obstante, dentro de esta concepción nihilista se filtra un tenue rayo de luz que horada la atmósfera oscura del humor negro y de absurdo cotidiano de soledad y abyección.

Belli participa de una tónica irrespetuosa, en una desacralización del mundo de empaque parriano, pero su inspiración ha bebido en diversas fuentes y emerge

---

[45]   Ver nota 6.

originalísima aun en sus plagios que él confiesa, con autenticidad fascinante.

Luego de desasirse de los atuendos surrealistas, los clásicos —Garcilaso de la Vega y el manierismo de Góngora— son los recurrentes modelos. De Góngora no sólo tiene los recursos de vocabulario, sintaxis y estilo, sino también la hábil mezcla de lo irónico burlesco paródico con lo serio y culto. Lo chocarrero y vulgar con lo erudito. La coexistencia del giro exquisito de dificultad cultista con el giro infracotidiano. Lo notable es que en Belli no se trata de un uso de recursos de abolengo esclarecido de nuestra herencia clásica y manierista, sino que, al incorporarlos, los ha convertido en sangre, pulsación cordial e instrumento de su propio yo confesional poético, que es su forma más acusada de poetizar. Además, aquellos recursos clásicos y barrocos entran en nuestro contexto histórico-social y expresan al hombre contemporáneo en crisis, con sus alienaciones, angustias y temores, indefensión y soledad.

Con Belli estamos dentro del neobarroquismo hispanoamericano propio de las postrimerías del siglo XX, con su aire de congoja y desilusión, con la perdida inocencia, incapaz de cualquier optimismo épico.

Hay apremio de una lengua, de un estilo que refleje estos tiempos, esta profunda crisis del lenguaje. Estamos ciertos que su funcionalidad se ha perdido. Palabras de palabras, sólo palabras que se arman de contenidos según el uso —o abuso— del mercante que las esgrime. Nunca la palabra ha tendido a ser más vulnerable. En este microcosmos sociohistórico de deshumanización, alienación, brutalidad temible y pavorosa, la palabra ha sufrido su necesario desgaste. Edgar O'Hara ha escrito que Belli "encierra a sus palabras en un cauce que continuamente es lavado y pulido por las claves que circulan en la mayoría de los poemas"[46].

En esta línea de contemporaneidad inquietante, Belli está en la búsqueda. Su suma es, a la vez, beligerante y desencantada, grotesca e irónica, absurda y, sobre todo, se confirma en una farsa parlante paródica.

---

[46] Edgar O'Hara, *Cuerpo de reseñas* (Lima: Ediciones del Azahar, 1984), p. 100.

CARLOS FUENTES:
LO MITICO Y LO SAGRADO
AURA Y LOS NIVELES MITICOS
DE LA REALIDAD

Aura[1], novela corta, heredera de la prosa vanguardista y de la técnica de la *nueva novela* de Robbe Grillet, tiene un énfasis especial en el enfoque cinematográfico de la realidad.

El primer segmento de esta narración en segunda persona se desarrolla en un nivel llamado tradicionalmente realista: Felipe, oscuro profesor de historia, que se gana la vida haciendo clases, se interesa por postular a un nuevo trabajo. Las condiciones que se exigen en un anuncio de periódico son exactamente las que él puede ofrecer. Los espacios míticos comienzan a forjarse en forma alucinante desde el momento en que traspone el umbral de la vieja casona de la viuda del General Llorente, lugar al que debe ir a trabajar, presumiblemente en la publicación póstuma de las memorias del General, muerto hace 60 años.

El misterio y el suspenso están presentes en una atmósfera que tiene la vaguedad de un discurso referencial enrarecido, dominado por la técnica fílmica que presenta su natural fragmentación. El argumento no tiene un desarrollo lineal. Los nódulos situacionales remedan las instantáneas fotográficas de sucesivos enfoques cinematográficos. El narrador se transforma

---

1   Carlos Fuentes, *Aura*, 5.ª ed. (1962; México: Alacena, 1970).

en la cámara y nos ubica en una realidad que coincide con el momento de la palabra. Cada escena nos revela, en detalle, un enfoque parcial de una realidad bastante plástica. La palabra se hace pintura. El sentimentalismo se transforma en sensualismo.

Felipe Montero, joven y pobre, conocedor de la lengua francesa, se nos aparece —en un primer momento— en el nivel de la realidad cotidiana, anodina y despojada de sugerencias o ambigüedades. Felipe Montero fuma y lee los avisos clasificados del periódico en un cafetín sucio y barato. Allí, mientras bebe su café y deja caer indolentemente la ceniza del cigarrillo dentro de la taza, descubre un aviso que parece haber sido hecho para él. Por ese día, sigue su rutina de trabajo y no hace ningún esfuerzo por ir a la entrevista, pues está convencido que ya otro ha obtenido el puesto. Sin embargo, cuando al segundo día se publica el mismo aviso, pero con una oferta más atractiva (el sueldo es ahora de 4.000 pesos y se ha agregado el requisito "joven" a la palabra historiador), decide ir a la calle Donceles, 815. Desde este momento se produce un suspenso y el joven Montero se sumerge en un mundo laberíntico del cual no ha de salir.

Las calles del centro de la ciudad, en las proximidades a Donceles, muestran un abigarrado conglomerado de semiderruidos palacios coloniales, cuyos segundos pisos conservan las huellas de su pasado esplendor. Bajo el ataque despiado del tiempo, su empaque barroco subsiste a pesar del deterioro de los años. La planta baja de estos edificios ha sido invadida por comerciantes, remenderos, reparadores, que han intentado modificar el rostro antiguo con las obstinadas luces de neón. Esta superposición de dos planos, el antiguo y abigarrado de arquitectura barroca colonial y el que pugna por florecer, es un símbolo de la fuerza bipolar de los contrarios: la belleza y el ocaso; ambos en pugna y en una antinomia irreductible. El tiempo muestra con más intensidad, en las ruinas de los palacios, la crueldad de su paso destructivo. Frente a la puerta, cuyo número es 815, Felipe Montero se nos presenta en su último contacto con el mundo, pero al trasponer el umbral entrará a compartir una realidad mítica.

Afuera, todo es movimiento malsano, apremio cotidiano, ruidos discordantes, bocinazos y multitud heterogénea. Dentro de la casona señorial, todo es silencio y misterio: una realidad manierista barroca de indeterminación y ambigüedad, en que los contrarios, las oposiciones, tendrán una fuerza contrapuntística misteriosa y geminativa de estados sonambulescos. Felipe se enfrenta a la total oscuridad de un callejón impregnado de olores a musgo y a humedad. Desde allí debe ascender por una escala para llegar a una habitación, desde la cual sale una voz que le indica el número de pasos y de escalones necesarios que subir. Pasada esta oscuridad llega a una habitación iluminadísima y rodeada de objetos brillantes de vidrio, plata y cristal. Son frecuentes estos contrastes de luz y sombra con dinamismo manierista. La habitación que le asignan en este nuevo trabajo tiene un tragaluz y una luz opaca se filtra desde arriba en un claroscuro caravaggista.

El nivel referencial es casi inexistente. Asistimos a una serie de enfoques cinematográficos, una sucesión de cuadros produce una secuencia de fragmentos ambiguos. Esta falta de unidad es también un elemento manierista. De vez en cuando, en un expresionismo pictórico, un detalle es presentado con un valor cinegético reforzado:

> ... sientes que sus ojos se han abierto desmesuradamente y que son claros, líquidos, inmensos, casi del color de la córnea amarillenta que los rodea, de manera que sólo el

punto negro de la pupila rompe esa claridad
perdida, minutos antes... (p. 16).

Asistimos a una realidad visual, eminentemente
plástica, que destruye la noción de tiempo, haciendo
que domine la intemporalidad. El estatismo suscita
estados oníricos. El tiempo parece haberse detenido.
Estamos en el ámbito de lo mítico.

Los instantes de estos cuadros plásticos se nos dan
especialmente en el presente. Nelson Rojas se refiere al
uso del futuro cuando se produce un cambio de enfoque del protagonista a otro personaje, dentro del
campo de visión, y a la función de este tiempo futuro
en el señalar la inexorabilidad de la acción en la
novela [2]. El pretérito se refiere a la memoria del
narrador. En una función más general del futuro éste
determina el carácter futuro de una acción con respecto de otra en una cadena sucesiva: "Ella te sor-
prenderá observando la mesa de noche, los frascos de
distinto color, los vasos..." (p. 15).

Similar a la novela objetiva francesa los personajes
aparecen sin ninguna elaboración psicológica. Al final
de la novela nos son tan desconocidos como al
comienzo. Pequeños gestos o actitudes nos hacen adi-
vinar uno que otro rasgo psicológico. En esta debili-
dad de la anécdota, del elemento afectivo, el fragmen-
tarismo es similar a *Dama de corazones,* de Xavier
Villaurrutia. Así podemos suponer que Consuelo
había sido una muchacha soñadora, femenina, con un
fuerte sentido maternal, algo sádica y de acendrado
erotismo. La lectura de esta clase de novela exige lectores activos que articulen los fragmentos dispersos y
que vayan recomponiendo la historia e interpretándola.

---

[2] "...the Narrator also uses the future tense to signal a change of focus
from the protagonist to another character within his sphere of vision, espe-
cially when that character is moving or gesturing...". Nelson Rojas, "Time
and Tense in Carlos Fuentes *Aura*". *Hispania*, 61 (1978), 861.

que Aura y él se unen en un transporte amoroso y mientras se besan él percibe, con horror, las encías sangrantes, desnudas, sin dientes. En la última escena, Consuelo, en su forma antigua y decrépita, besa a Felipe con sus encías sin dientes (p. 60). Sólo que ahora Felipe no siente repulsión ni horror. Felipe, ya transformado en el General Llorente, toca, movido por el amor, el cuerpo disminuido, descarnado y antiguo, que se deja iluminar por la luz de la luna y que es invadido por un estremecimiento. Como un Fénix resucitado de sus cenizas el amor todopoderoso tiende el puente de la intimidad:

> Hundirás tu cabeza, tus ojos abiertos, en el pelo plateado de Consuelo, la mujer que volverá a abrazarte cuando la luna pase, tea tapada por las nubes, los oculte a ambos, se lleve en el aire, por algún tiempo, la memoria de la juventud, la memoria encarnada (p. 60).

La luna, Lucina, diosa de los amores castos, ha iluminado con su luz la escena. En el arrobamiento del amor, Consuelo dice que ambos han de hacer regresar a Aura, la joven Consuelo de otro tiempo. Dentro de estos elementos míticos, Aura, la mañana fresca y joven tocada por el beso del sol —elemento masculino fecundante—, brilla en su juventud dorada.

Con esto se cierra el ciclo, al renacer el día como el ave Fénix, de las cenizas de la noche, de la muerte y de la vejez.

Carlos Fuentes nos entrega en *Aura* la persistencia del mito que se mezcla con la magia y la hechicería por virtud del amor, el sentimiento motor más fuerte y creativo.

AMOR, MUERTE
Y TESTIMONIO EN LA POESIA
DE RAMIRO LAGOS

En 1964 Ramiro Lagos publica *Testimonio de las horas grises*[1], inaugurando en Colombia un venero testimonial de tono desacralizador. Es una poética que emerge de la realidad histórica y se transforma en denuncia. Como una parte importante de la poesía actual hispanoamericana entra en el cauce del realismo crítico y adopta el tono de la congoja existencial. Asistimos al desencanto que se viste con las mejores galas del humor. En esta verdad irónica la historia es la piedra angular en este edificio exento de retórica. Paralelamente, y en una épica heroica, recoge la historia de los líderes trágicos de América en su lucha por la libertad.

Agotados los esfuerzos por una inútil revitalización de una poética evasiva de ancestro modernista ya periclitada, Lagos ensaya denuestos contra todo resabio de esta inspiración. En el poema "Testimonio de las horas grises", del libro homónimo, escribe:

> *Asistí a la escuela del arte*
> *y conocí el testamento de los pavos reales,*
> *herederos del aire,*
> *de la frondosidad del árbol*

---

[1] Ramiro Lagos, *Testimonio de las horas grises* (Madrid: Ediciones Studium, 1964).

> *y del fugitivo espiral, humo arriba distante de la*
> *[tierra...*
> (vs. 5-9)

Más allá de lo contingente, se sumerge en aguas existenciales y en el ineludible salto hacia la muerte, condición ésta que precipita al hombre en la indefensión de un precario vivir. En "Esta hora color ceniza" *(Testimonio de las horas grises)*, afirma:

> *Por eso,*
> *es severamente grave*
> *no poder comprender en grises horas,*
> *la hegemonía de la arcilla mustia*
> *sobre el crecido pedestal humano*
> *ni su medida exacta,*
> *su dimensión y peso montados sobre el barro*
> *o la futura ceniza,*
> *que del mismo polvo vinimos*
> *y hacia el mismo polvo vamos.* (vs. 82-91)

En *Ritmos de vida cotidiana*[2], en la primera sección iniciada con un epígrafe de Unamuno[3], se nos anticipa la presencia de Eros y Tanatos. En "Espejo roto" (p. 33), la muerte ronda y se apodera del hablante lírico. Los espejos se trizan y rompen en el aire denso. El símbolo del espejo, como en Borges, es definidor del espacio vacío, de la nada, del espejo que no refleja. En el caso de Lagos, porque desdibujan y multiplican —desfigurada— la presencia en el momento de la desaparición total. Este mismo tema angustiador

---

[2] Ramiro Lagos, *Ritmos de vida cotidiana* (Madrid: Ediciones Dos Mundos, 1966).

[3] "Aquí os dejo mi alma-libro,
hombre-, mundo verdadero.
Cuando vibres todo entero
soy yo, lector, que en ti vibro."

de la muerte se encuentra en "Naufragio" (p. 36), "Rayos X" (p. 37), y en "Lápida" (p. 39). Son estos fuertes y amargos acentos en una plasmación lírica del sentir de un yo lúcido que se enfrenta con la vida y con la muerte y declara la absurdidad de los actos humanos, la indefensión del hombre frente a sofocantes apremios. Lagos consigue la plasmación lírica de un mundo contradictorio en que se vislumbra un principio de orden en el impulso sensual hacia la vida con su incitante belleza, con su poder y su misterio.

En "Rayos X" la muerte ronda, merodea y danza. Las autorreferencias a un yo desposeído, resignado y minimizado en su estatura esquelética, son de un liviano humor negro:

> ... frente a los rayos X, y no esquivo
> verme de arriba a abajo en negativo,
> para ver más mis vértebras de alianza.
> Alcanzo a ver su ritmo y su balanza
> cuando la muerte balancea su estribo. (vs. 2-6)

La conciencia de temporalidad, la angustia ante la condición ominosa de una inexorable muerte que acecha son plasmadas por un hablante lírico doliente y resignado en "Lápida". En este poema se pormenoriza la frialdad de la lápida:

> El frío de esa piedra me estremece.
> Su silencio me espanta y me contrita.
> Me confunde su voz cuando suscita
> lo que puede pasar, lo que acontece. (vs. 1-4)

En "Naufragio", la estirpe quevedesca cobra sus fueros en versos en que no están ausentes la minimización del yo —frecuente en su poesía— y las imágenes gráficas que visualizan la vida como lucha, en una alegoría semejante a la lopesca cuando da cuenta de

sus difíciles horas que casi hacen naufragar la débil
barquilla de su vida. El hablante lírico de este poema
nos habla del barco de la vida, cada vez más en peligro de zozobrar, combatiendo por los vientos de fuerzas antagónicas. Estas fuerzas adversas parecen dar
sentido a la que ulteriormente se llenará de su máxima
significación con la muerte:

> *Son mis párpados mustios los postigos*
> *que el alma cierra al enjugar su gota*
> *cuando se empieza a hundir casi en derrota*
> *al filo de turbiones enemigos.* (vs. 5-8)

Más aún, en "Porvenir" (p. 38) un delicado humor
negro caricaturiza los gestos humanos cotidianos,
despojados de la trascendentalidad religiosa frente a la
muerte:

> *Llenar las arcas a granel y en cero*
> *quedarse de un momento entre difuntos*
> *sin cobrar dividendos ni más puntos*
> *de lo que tanto acaparó el granero.*
> *Y sin poder decir: hoy no me muero*
> *porque estoy ocupado en mis asuntos.* (vs. 1-6)

A veces Eros se confirma en un mensaje lírico. La
ensoñación y la pasión cobran sentido en una estructura formal de rara perfección. En el soneto "Recreación" (p. 24) no hay esteticismo. La fuerza del sentimiento cobra expresión en la palabra en virtud de un
lenguaje encantatorio. El ritmo va cobrando fuerza
creciente. El temple de ánimo del hablante lírico aparece estructurado por el impulso a obviar la soledad y
restaurar una unidad con el ser amado. Una unidad
que es conseguida a través de la ternura. Implícitamente está el ser desnudo, puesto su oído erótico en el
flanco de un amor carnal, y sin embargo la consuma-

ción es imposible por una desquiciadora y patética contingencia, esto es, la insuficiencia del otro: *"por tus collados entro/ como ave ciega..."* (vs. 5-6); *"Qué dulce mientes..."* (v. 9); *"...y quieres darme lo que no ha nacido."* (v. 11); *"No te nace el amor. No hay nacimiento..."* (v. 12).

La poesía erótica de Ramiro Lagos mantiene un decoro y una contención clásicas. Se logra una plasmación lírica de gran autenticidad a través de un discurso basado en el mensaje. Así es en "Ritmo de primavera" (p. 16), "Pizarrón nocturno" (p. 19), "Ensoñación" (p. 21), y en "Fruición" (p. 27). Todas estas creaciones líricas de *Ritmos de vida cotidiana* tienen un tono lúdico con alardes de humor. En "Fruición", por ejemplo, el hablante lírico se solaza en un juego masoquista frente a la tiranía de la bella que lo abandona finalmente. Esta avidez por lo esencial, por la intimidad perfecta, en un vencimiento de la soledad, presenta —en el nivel semántico— ciertos elementos simbólicos: *alma, raíz, nido, calor, encuentro, llama, centro, creación, nacimiento, presiento, pájaro, nido* ("Recreación").

El erotismo masoquista presenta una minimización del yo. El hablante lírico, el yo poético, se solaza en ser devorado, destrozado en astillas y aun convertido en polvo, sobre el cual ella, la amada, ha de pisar cuando camine con el otro, o sea, con el rival. La mujer destructora, devoradora, participa de una alegría de vencedor, de una fruición con atisbos sádicos. De la obra destructiva de la amada dan cuenta los sintagmas: *me has vuelto polvo* (v. 1); *cuando acabes tu obra y me destroces* (v. 5); *cómo me hundo* (v. 10); *soy por tu gracia polvo del camino/ por donde pasas* (vs. 12-13); *cómo te complaces con tu obra* (v. 11). ("Fruición"). En esta soledad, que se intenta vencer, el hablante lírico se refugia en el halo sagrado del silencio *("para darte el silencio que me sobra";* v. 14) y en la hondura, la oquedad, la palabra y el verbo. No obstante, es allí donde el tiempo hiere con su inexorable paso: *"Y te daré el tic-tac que martilla/ con mi honda oquedad de ocultas voces"* (vs. 7-8). ("Fruición").

Los poemas de éxtasis y arrobamiento amoroso alcanzan su más lograda plasmación en la poética de Ramiro Lagos. En la búsqueda de esa totalidad, de la unión de dos voluntades, el poder contemplativo se vuelve poderoso:

> *Hasta ese fuego arroban su hermosura,*
> *su mágico contorno y su escultura*
> *con su secreto imán por que me rijo.*
> ("Arrobamiento", p. 25; vs. 9-11)

Con frecuencia ensaya su intención lúdica en la búsqueda de la amada ideal:

> *Te quiero no tan noche ni tan luna.*
> *Tan alta ni tan baja. Quiero una*
> *musa humana que sueñe no del todo...*
> ("Musa humana", p. 26; vs. 9-11)

Dentro del nuevo acento testimonial, la ironía es esgrimida en la crítica social. Los vicios y las costumbres acomodaticias de la alta burguesía, su ocio prepotente y su insensibilidad para con los que sufren la miseria, son criticados en forma sarcástica, humorística e irónica. En "Danza de las horas grises" *(Testimonio de las horas grises;* p. 42), en un ágil carrusel, una variada fauna abigarrada se muestra con sus vicios: ministros, secretarios de gobierno, políticos, favoritos del régimen, gobiernos corruptos, dictadores simiescos, la mentira institucionalizada. Dentro de esta multiplicada farsa la farándula de los políticos posa en caricaturesca fauna:

> *Farsa del sapo*
> *con ínfulas de plenipotenciario,*
> *que funda su prosopopeya rancia*
> *en fumar tabaco habano, estornudar fuerte,*
> *romper protocolos y soltar la baba.* (vs. 42-46)

En su afán de justicia social se descorre el velo de la hipocresía y falsos conatos de redención social de una sociedad de estructura feudal en que una plutocracia ejerce la usura, la rapiña y el despojo:

> *Farsa del pulpo,*
> *que agiganta sus brazos poderosos*
> *con apariencia de abrazar al pueblo,*
> *para que éste no sepa cuándo le estrangulan.*
> (vs. 71-74)

En el poema aparece una fauna variada y sugerente de ejecutivos de gobierno, todos con diversos vicios: los simios en feria diaria, el búho, el zángano, el papagayo, la cotorra, el lagarto, el pavo real, el sapo, la cebra, la larva, corceles briosos, tortugas, paquidermos, el buitre, el gallo, que corresponden a los imitadores, los dictadores, el falso intelectual, el burócrata o empleado de gobierno, el empleado público, el oportunista, el frívolo ocioso, el malversador de fondos públicos, el poeta mediocre y fatuo, el fanfarrón que posa de gran señor, la mujer que simula ser gran dama y comete adulterio, los hombres fatuos, los arribistas, el político que no quiere reformas, el demagogo, el traidor y delator, el beato hipócrita. Es un humor corrosivo que apela a una nueva ética y a una mayor autenticidad. El testimonio y la denuncia están imbuidos de una visión idealizada del desposeído, del injustamente postergado, del campesino sin tierra:

Donde la espiga abarrota los graneros de los
                                    [potentados
dejando surcos de sudor amargo. Ceniza en
                                    [los plantíos.
Donde la mina ensancha la codicia de los
                                    [usureros
y el latifundista posa de reformista agrario.
Donde el apellido es un título ministerial...
        ("Antipoema de la hora cero"; vs. 48-52)

Esta poesía testimonial a menudo se expresa en un habla coloquial con giros expresivos de valor visual gráfico. En "Protesta desde una nave espacial" *(Romances de pie quebrado)*[4], la sátira corrosiva contra los vicios y la corrupción del gobierno alcanza acentos quevedescos:

Desde esta nave en que me elevo
te veo tan pequeño,
tan diminuto como un huevo envenenado
de serpiente hórrida,
mundo, mundanal, mundillo,
huevo pútrido traspasado de alfileres,
perforado de podre,
donde las plagas de Egipto
dejaron su gangrena,
Sodoma sus espermas putrefactos. (vs. 1-10)

En el nivel semántico, *huevo envenenado, serpiente hórrida, huevo putrido, perforado de podre, gangrena, Sodoma, espermas putrefactos,* son aplicados al mundo con sus contradicciones y corrupciones, sobre las cuales el hablante lírico denuesta desde una nave espacial. Desde esa altura ve una visión infernal

---

[4]   Ramiro Lagos, *Romances de pie quebrado* (Bucaramanga: Imprenta Meridiano, 1970).

en que la mentira, la farsa, el lucro y los siete pecados capitales sientan sus reales. La repetición *mundo, mundanal, mundillo,* enfatiza la connotación despectiva y peyorativa. Los paralelismos sintagmáticos, *¡Fuego! a ese palacio; ¡Fuego! a ese andamiaje: ¡Fuego! a ese pulpo; ¡Fuego! a esa alimaña; ¡Fuego! a ese templo de mercaderes,* intensifican la idea de destrucción punitiva. La eficacia del poema reside en los elementos semánticos y en la polifonía rítmica. Esta última es posible por una afortunada disposición de los elementos sintagmáticos, disposición que se hace posible por la flexibilidad del metro.

En *Romances de pie quebrado* se continúa la poesía testimonial. Subyace en este poemario el pensamiento ideológico demócrata cristiano que erige la imagen de un Cristo revolucionario que inspiraría la reforma social para dar tierra a los campesinos y justos salarios a los obreros:

> *Sucesor de Pedro y Pablo*
> *y del Cristo Justiciero.*
> *La multitud se amotina*
> *contra el robo del pan tierno.*
> > *Contra usuras*
> > *truena el templo.*
> ("Salutación de Juan Pueblo al Papa"; vs. 37-42)

En el poema "Protesta", Ramiro Lagos logra una extraordinaria supersíntesis. En imágenes gráficas describe en tres versos la muerte trágica de Camilo Torres:

> *Por la protesta un cura*
> *le puso al risco sus sotana rota*
> *y se dejó rodar como campana.* (vs. 5-7)

En *Cantos de gesta comunera*[5], la voz del hablante empírico es patética aunque no gesticulante cuando nos señala el martirio del Arzobispo Oscar Romero:

> *En la lucha del pueblo cual Camilo*
> *surge en El Salvador, un gran vocero*
> *del pueblo humilde, Monseñor Romero*
> *que habla con voz de Cristo, y a su estilo*
> *su voz se eleva, el corazón en vilo,*
> *cual cáliz de amargura, y su madero*
> *a El Salvador le ofrece en su calvario*
> *de sufrimientos por su pueblo agrario.*
>
> ("Canto XVI"; p. 104; estr. 8; vs. 81-88)

Aquí hay una clara reminiscencia de la pasión de Jesucristo en la cruz cuando se alude a ciertos símbolos sagrados: *Cristo, cáliz, amargura, madero, El Salvador, calvario, sufrimientos.*

En *Ráfagas y cantigas*[6], se acentúa la temática de redención cristiana:

> *¿Por qué te llaman rojo si eres pálido,*
> *moreno y negro. Cristo comunero,*
> *tan cruzado de sangre y de tatuajes*
> *como el rostro de América mestiza?*
>
> ("Cristo el comunero"; vs. 37-40)

Ya en *Testimonio de las horas grises* (1964), y en *Ritmos de vida cotidiana* (1966), está el germen que se va a desarrollar en *Cantos de gesta comunera* (1981). Básicamente, es la confirmación de lo intrahistórico, del mártir anónimo y de los que emergen de un pueblo

---

[5]   Ramiro Lagos, *Cantos de gesta comunera* (Bogotá: Ediciones Tercer Mundo, 1981).

[6]   Ramiro Lagos: *Ráfagas y cantigas* (Bucaramanga: Editorial Salesiana, 1974).

sediento de justicia y gestan la independencia latinoamericana. La actitud valorativa del hablante empírico
descubre una sacralización del pueblo sencillo y de la
Patria, como la tierra simple y elemental, de tradición
patriarcal bíblica, pero que suele tornarse insurgente y
subversiva en sus mártires.

En "Comunero" *(Testimonio de las horas grises,*
p. 18), encontramos: *"Este es Galán, erguido comunero / que armó de picas su primer guerrilla"* (vs. 1-2);
en "Patria comunera" *(Ritmos de vida cotidiana,* p. 45),
la Patria *"hay que buscarla en el pan de cada día /
como buscando en trigo-eucaristía, / una patria al
alcance de la mano"* (vs. 12-14), y en *Cantos de gesta
comunera* la savia épica corre a raudales y troquela las
figuras mártires de los héroes y heroínas de todas las
luchas por la libertad.

En 1983, Ramiro Lagos continúa en los cauces del
realismo crítico con otra importante entrega testimonial, el *Romancero de Juan Pueblo*[7], que es una
colección de romances insurgentes que tienen como
protagonista al trabajador anónimo, al campesino, al
hombre de la calle perseguido por los esbirros y por el
terror de los estados policiales. Torturas, matanzas
genocidas, gente desaparecida:

> *Hay paz de cuervos y ahitos*
> *y un Mar de Plata y cadáveres*
> *que flotan, cuencas abiertas*
> *mirando hacia Malos Aires.*
> ("Romance de Malos Aires"; vs. 121-124)

Los denuestos de esta poesía, directa y testimonial,
van en contra de las oligarquías opresoras, los dictadores que asesinan a sus opositores, las farsas de las

---

[7] Ramiro Lagos, *Romancero de Juan Pueblo* (Bucaramanga: Ediciones
Dos Mundos, 1983).

elecciones libres, los asesinatos políticos (Benjo Cruz, en Bolivia; Oscar Romero, en El Salvador; Víctor Jara, en Chile).

Las palabras de "Apertura: Canto General", puestas a manera de prólogo, traducen mejor la idoneidad del autor para denunciar una realidad histórica:

> Sin ser creyente de los credos y mitos políticos en boga, ha querido detenerse el poeta testimonial en la esquina harapienta de cualquier calle indoamericana, frente al gran mural de la denuncia multitudinaria de gritos mudos, para ver pasar a Juan Pueblo golpeado, amordazado, torturado y, finalmente, acribillado...

En Ramiro Lagos la veta testimonial es extensa y variada. Su bandera de combate está comprometida con la realidad histórica. No hay adhesión a consignas partidistas. Tiene un pacto con la justicia. Usa el lenguaje como un arma y un medio para inducir a la acción. Su invectiva es amarga y trágica cuando esboza la sonrisa del humor. Grandeza trágica la suya. Es una poesía valiente, noble y generosa: una poesía que crece y toma su fuerza de una cruda realidad latinoamericana. Ramiro Lagos nos ha entregado el amargo testimonio de nuestro tiempo.

GABRIELA MISTRAL:
DE *DESOLACION* A *LAGAR*

La primera etapa de la producción poética de Gabriela Mistral está caracterizada por un tono imprecativo en que domina el desborde emocional. *Desolación* recoge la poesía de esta primera época y constituye un libro consagratorio. Lo confirma Margot Arce Blanco: "La publicación en 1922 de *Desolación,* primer libro de versos de Gabriela Mistral, es uno de los hechos más importantes en la historia moderna de la poesía hispanoamericana"[1].

En impulso místico tiende a ascender a planos espirituales de perfección, a través de la búsqueda de un acercamiento a Dios. La teosofía oriental de raíz budista suele interesarle. Elementos de creciente importancia sensorial aparecen en su poética. Así, las carnes desgarradas, las llagas, el abierto costado, la sangre, el sudar sangre, son alusiones que se reiteran. Se diría que obedece al postulado ascético místico de que el revivir el martirio de Jesús —con sus dolores y sufrimientos— impregna al hombre de un amor espiritual más pleno. Juan Loveluck ha escrito que "la persistencia de la metáfora sacrificial en la imaginación creadora de la poetisa, así asociada a conceptos básicos de la teosofía, no sólo es un manadero de inven-

[1]   Gastón Figueira, "Páginas desconocidas u olvidadas de Gabriela Mistral", *Inter-American Review of Bibliography,* 20 (1970), p. 142.

ción lírica, sino una fuente de alegría personal, además de camino ascensional y purificador"[2].

En este acercamiento a la divinidad, la poesía religiosa de Mistral tiene etapas de congoja en la identificación con el martirio de Cristo. Lo elemental sensorial y emocional predomina. En "Nocturno"[3] su clamor es patético:

> *¡Llevo abierto también mi costado,*
> *y no quieres mirar hacia mí!* (vs. 5-6)

En el mismo poema impreca nuevamente a ese Dios que no quiere enviarle la muerte:

> *¡Y en el ancho lagar de la muerte*
> *aún no quieres mi pecho oprimir!* (vs. 11-12)

Es la plasmación poética religiosa de la desilusión, del dolor que se produce por una deslealtad del ser amado. La traición precipita al hablante lírico en la desesperación y en el deseo de la muerte. El *lagar* del verso 11 alude a un "ancho lagar"; ancho, pues en él caben todos los seres vivientes que han de pasar —necesariamente— por el proceso de la muerte. Un proceso purificador y en el cual, como en la pasión de Cristo, la sangre es el instrumento de redención del género humano. Dice Martín Taylor que lagar es símbolo de la muerte, según *Apocalipsis* 19, 15, en que lagar es metáfora de muerte y destrucción: "y él pisa el lagar del vino del furor, y de la ira de Dios Todopoderoso"[4]. Creo que lagar es también metáfora de transformación. Apurado el cáliz de la vida y, hacia el final de

---

[2] Martin C. Taylor, *Sensibilidad religiosa de Gabriela Mistral* (Madrid: Editorial Gredos, 1975); "Preliminar" de Juan Loveluck, p. 19.

[3] Gabriela Mistral, *Poesías completas*, 4.ª ed. Edición definitiva, autorizada, preparada por Margaret Bates (Madrid: Aguilar, 1968), p. 79.

[4] Taylor, p. 216 (nota 53).

ésta, Gabriela titula su obra postrera *Lagar*. A este momento de su creación poética llega transfigurada. Luego de tener una universalización y americanización de sus temas en *Tala*, su poetizar es más sereno y filosófico. Así, *Lagar* tiene en la simbología poética la misma significación que tiene *fragua* en la poesía de Jorge Manrique. En ambos casos se alude a una metamorfosis hacia la muerte.

Los motivos trágicos de la frustración amorosa, la soledad y el dolor de vivir van a expresarse en esta primera etapa, como se ha dicho, en forma más imprecativa, urgente, carnal o sensorial. Son comunes las imágenes religiosas de la cruz y de un Cristo sufriente como símbolos de la pasión y de la redención por el sacrificio. En el soneto "La cruz de Bistolfi"[5] dice:

> *El amor nos fingió un lecho, pero era*
> *solamente tu garfio y tu leño desnudo* (vs. 5-6)

Así, el *leño desnudo* es la cruz donde el hablante lírico es continuamente crucificado. El *lecho,* que en el nivel semántico aludiría a tálamo o lecho del amor, donde se remansan las aguas y se encuentra la satisfacción erótica, es un lecho fingido y es únicamente dolor. El sacrificio a que apunta la palabra *leño* es lo que permanece.

La poesía cristológica de Gabriela Mistral se extiende a través de toda su obra, pero especialmente en esta primera etapa, y con acopio de elementos más primitivos, de menor elaboración intelectual o racional y que nos habla más directamente a los sentidos. Son palabras que apuntan a un nivel semántico de lo

---

[5]   Mistral, *Poesías completas*, p. 4.

terrible y torturante: garfio, cruento, violento, gajos, venas vaciadas, carnes abiertas en gajos, sangre, sangrante, llanto, lágrimas, hierros, zarpas, llamas, argollas, cuchillas.

En el soneto "Al oído de Cristo"[6] escribe:

> *Cristo, el de las carnes en gajos abiertas;*
> *Cristo, el de las venas vaciadas en ríos* (vs. 1-2)

Estos versos nos remiten a un Cristo exangüe, sufriente y agonizante. Este es el cristo que, según Gabriela, ha de ver el verdadero creyente: el creyente agonizante a la manera unamuniana. El hombre frívolo ha de pasar por el sufrimiento, como el metal por el fuego, para su purificación. Para él pide el hablante lírico:

> *Garfios, hierros, zarpas, que sus carnes hiendan*
> *tal como se parten frutos y gavillas;*
> *llamas que a su gajo caduco se prendan*
> *llamas como argollas y como cuchillas*

Todos estos términos son signos de sugestión que potencian un clima emocional bastante fuerte. El dolor es así una forma de pedagogía del espíritu. A través de éste el hombre adquiere una conciencia de su destino espiritual. En el sacrificio el Cristo que se evoca es el Cristo de la pasión, el Cristo de la cruz y del dolor. Comparten esta simbología, entre otros poemas, "La maestra rural", "Nocturno", "Interrogaciones", "El ruego", "El barco misericordioso"[7]. En este último, Dios es barco que lleva al hombre a través del oleaje proceloso de la vida y sus tormentas. El

---

6   Mistral, *Poesías completas*, p. 5.
7   Mistral, *Poesías completas*, p. 112.

hablante lírico expresa sus ansias de Dios en un discurso imprecativo en que predomina la función poética y emotiva:

> *¡Ay! barco, no te tiemblen los costados,*
> *que llevas a una herida* (vs. 3-4)

En *Desolación* asistimos a una poética del llanto.
El amor humano se transforma siempre en frustración
o dolor, en angustia. En "Poema del hijo"[8], sucesiones
de imágenes aluden al llanto, a las lágrimas, a lo salobre, todos símbolos de destrucción:

> *Ahora tengo treinta años, y mis sienes jaspea*
> *la ceniza precoz de la muerte. En mis días,*
> *como la lluvia eterna de los polos, gotea*
> *la amargura con lágrimas lentas, salobre y fría.*
> (vs. 29-32)

Gabriela tiene su correlato en el Jesús sufriente
lleno de llagas en la pasión y en el calvario. En una
poética del sacrificio, la experiencia del amor precipita
al hablante lírico en un dolor similar ("El encuentro"[9]):

> *desde que lo vi cruzar,*
> *mi Dios mi vistió de llagas* (vs. 33-34)

En "Extasis"[10] busca la fusión con Dios después
de la muerte, que es deseada como una liberación.
Como es usual en esta poesía de la primera etapa, sus
recursos expresivos tienen valor gráfico y son extraí-
dos de un mundo próximo y cotidiano:

---

8   Mistral, *Poesías completas*, p. 103.
9   Mistral, *Poesías completas*, p. 60.
10 Mistral, *Poesías completas*, p. 64.

Ahora, Cristo, bájame los párpados,
pon en la boca escarcha (vs. 1-2)

El poema "Desolación"[11], que inicia el libro y le da
el título, describe el Chile austral en apretados alejan-
drinos. Este primer poema alude a la nieve que, como
un mar infinito, la envuelve en un sudario de tristeza:

Miro bajar la nieve como el polvo en la huesa
(v. 21)

Los signos de sugestión reiteran estas imágenes de
la muerte y soledad e introducen el tono angustiado
del libro:

La nieve es el semblante que asoma a mis cristales:
¡siempre será su albura bajando de los cielos!
Siempre ella, silenciosa, como la gran mirada
de Dios sobre mí; siempre su azahar sobre mi casa;
siempre, como el Destino que ni mengua ni pasa,
descenderá a cubrirme, terrible y extasiada.
(vs. 27-32)

El eje de casi todo el poetizar mistraliano es el sentimiento de la muerte. Comparte esta obsesión con los
mejores escritores hispanos. El amor, en todas sus
formas, está herido de lo efímero. La muerte, en ase-
dio, siempre rondando, es capaz de paralizar todo
impulso hacia la vida o el goce ("Intima"[12]):

Tú no beses mi boca.
Vendrá el instante lleno
de luz menguada, en que estaré sin labios
sobre un mojado suelo. (vs. 8-11)

---

[11] Mistral, *Poesías completas*, p. 124.
[12] Mistral, *Poesías completas*, p. 66.

La trágica muerte de Romilio Ureta, el primer hombre que despierta el sentimiento amoroso en el apasionado y dolorido sentir de Gabriela, la sumerge en un cruel sufrimiento que expresa en "Los sonetos de la muerte". Que este amor fue atormentado por los celos nos lo confirma el hablante lírico de uno de los sonetos expurgados por la autora y que muestra la vehemencia de su pasión. Del soneto expurgado transcribo los versos que delatan este sentimiento extremado:

> *Malditos esos ojos cuya mirada oscura*
> *se te pintó en la entraña como un tatuaje largo,*
> *malditos esos senos, de doble ánfora dura,*
> *llenos de miel, cubriéndole el corazón amargo* [13].

Un segundo amor imposible —presumiblemente Manuel Magallanes Moure— es la materia que se expresará en un lirismo doloroso ("El amor que calla" [14]):

> *Si yo te odiara, mi odio te daría*
> *en las palabras, rotundo y seguro.*
> *Pero te amo, y mi amor no se confía*
> *a este hablar de los hombres, tan oscuro.*

Su poesía es expresión de esta fuerte interioridad. Gabriela Mistral era, según Benjamín Carrión, "firme y enérgica, en su convicción y en su pasión. En su amor como en su odio" [15].

La sociedad gazmoña en que le tocó vivir a Gabriela Mistral era asfixiante y coercitiva por los

---

[13]   Figueira, p. 142.
[14]   Mistral, *Poesías completas,* p. 63.
[15]   Benjamín Carrión, "Sí, Santa Gabriela Mistral", *Cuadernos Americanos,* XVI, iii (1957), p. 243.

prejuicios, dureza y frialdad para juzgar los actos de la mujer. Esta realidad fue difícil para Gabriela, como creadora y como mujer. Refiriéndose a esta atmósfera, Juan Loveluck afirma que Gabriela todo lo hizo "con el acento y la visión que le imponían el tiempo y la formación suyos, prodigio esta última de triunfo personal de una mujer en la ahogante cultura falocéntrica de sus días"[16].

La experiencia amorosa, como autoconocimiento y crecimiento, es vivida en toda su plenitud. Refiriéndose a la experiencia del amor en una carta a Eugenio Labarca define lo que es la vivencia de amar: "Un grande amor es una cumbre ardida de sol; las esencias más intensas y terribles se beben en él. El que quiso así, no pasó en vano por los caminos de los hombres"[17].

Si seguimos su poesía de cerca, podemos aventurar que en sus poemas del hijo la plenitud de mujer —en la relación madre e hijo— parecen suponer una experiencia maternal vivida. *Ternura* encierra una plasmación lírica que expresa el miedo y la felicidad que sobrecogen a la madre en esta nueva dimensión. Si es que existió este hijo —cosa que la elevaría aún más por su autenticidad— este hijo pudo ser el hijo adoptivo Juan Miguel. Presiento que esta teoría puede levantar enconadas protestas, pero es necesario aceptar que, si en algún siglo futuro se hiciera válida esta teoría, ello no servirá sino para comprobar hasta qué punto la sociedad gazmoña, hipócrita y farisaica exigía de la mujer el ocultar, avergonzarse o disfrazar la sublime maternidad que ella media en toda su grandeza:

---

[16]   Juan Loveluck, "Un poema de Gabriela Mistral explicado por ella misma", *Studia Hispanica,* I (1981), p. 188.

[17]   Gabriela Mistral, *Epistolario. Cartas a Eugenio Labarca* (1915-16). Introducción y notas de Raúl Silva Castro (Santiago: Ediciones de los Anales de la Universidad de Chile, 1957), p. 24.

*Madre, en el fondo de tu vientre se hicieron
en silencio mis ojos, mi boca y mis manos.
Con tu sangre más rica me regabas como el
agua a las papillas del jacinto, escondidas
bajo la tierra... Alabada seas por todo el
esplendor de la tierra que entra en mí y se
enreda en mi corazón* [18].

Esta poética del sufrimiento va a cobrar una nueva
dirección en *Ternura*. Se diría que domina un temple
de ánimo menos desesperado y sufriente. La trágica y
pesimista tónica romántica y modernista se torna vital
y en plenitud. Los poemas maternales trazan el itine-
rario sentimental de todos los momentos del crecimiento físico y espiritual del hijo. Las canciones de
cuna, las rondas infantiles, adquieren musicalidad y
sencillez trascendentes. Un tono juguetón anima
muchos poemas de este libro. Lo folklórico, lo criollo,
lo vernacular, conllevan verdad ancestral en un lenguaje a veces conversacional. Aquí se encuentra la
mención de hierbas, flores silvestres, árboles típicos de
Chile y de Hispanoamérica, junto a las virtudes
patriarcales de la familia campesina y a las consejas de
sabiduría popular.

En *Ternura* Gabriela evoluciona hacia la universalidad. Es un remanso refrescante: el amor maternal
viene a apaciguar las agitadas aguas de la angustia de
Desolación. *Ternura* es un paso más en el camino
hacia el crecimiento definitivo que se cumplirá con
Tala y, especialmente, con *Lagar*.

Sublimado el amor erótico en amor maternal, éste
se nos entrega en canciones de cuna, rondas infantiles

---

[18]   Gabriela Mistral, *Lecturas para mujeres* (México: Secretaría de Educación, Departamento Editorial, 1923), p. 26.

y jugarretas. En el poema "Meciendo"[19] lo melódico responde a una armonía cósmica y telúrica:

> *Dios padre sus miles de mundos*
> *mece sin ruido.*
> *Sintiendo su mano en la sombra*
> *mezo a mi niño.* (vs. 9-12)

En este concierto está, como fuerza omnipresente, Dios.

En "Canción amarga"[20] la paráfrasis del Niño Jesús y la pobreza del pesebre entra en un juego fantasmagórico de contrastes. Lo referencial apunta a una madre de pueblo, muy pobre, cuya leche se ha secado por sus padecimientos y cuyo hijo tirita de frío. En juego ilusorio la madre repite:

> *¡Ay! ¡Juguemos, hijo mío,*
> *a la reina con el rey!* (vs. 1-2)

No obstante la pobreza de la madre, el tono no llega a ser pesimista. Desfilan en cornucopia las posesiones terrestres: el verde campo, las alfalfas, los valles con las mieles, el vellón de lana, las majadas, la leche de establo, las mieses. Al mismo tiempo, en sordina, la voz personal, evidente en la digresión, patentiza en tono subjetivo:

> *(¡Ay! No es cierto que tiritas*
> *como el Niño de Belén*
> *y que el seno de tu madre*
> *se secó de padecer!)* (vs. 11-14)

---

[19] Mistral, *Poesías completas*, p. 153.
[20] Mistral, *Poesías completas*, p. 181.

Las rondas infantiles no son menos profundas. En el corro de niños el canto pasa a través de los continentes y alcanza magnitud telúrica y panteísmo unificador.

Otras veces es la muerte la que ronda y la que atrapa, cruel y temible. En sus aciertos en la elección de medios expresivos, elige en el código lingüístico del habla popular, de la tradición oral; así, nomina a la muerte con la tónica campesina animista. En "Canción de la muerte"[21] usa las siguientes expresiones: *empadronadora* (v. 1); *mañosa muerte* (v. 2); *la que huele a los nacidos* (v. 5); *y husmea su leche* (v. 6); *la Contra-Madre del Mundo* (v. 9); *la Convida-gentes* (v. 10); *la memoriosa* (v. 15); *la desvariada* (v. 19).

En *Ternura* el Padre eterno se menciona varias veces y Cristo, el sufriente, queda casi totalmente ausente. María, la madre de Jesús, es también mencionada varias veces. El ritmo del verso y la rima constituyen los primores de este poemario. *Ternura*, como se ha dicho, representa un breve remanso. Se logra una plasmación lírica de un mundo pleno y en paz, de un universo pequeño e inmenso del amor maternal ("Yo no tengo soledad"[22]):

> *Es la noche desamparo*
> *de las sierras hasta el mar.*
> *Pero yo, la que te mece,*
> *¡yo no tengo soledad!* (vs. 1-4)

Ternura es un paréntesis único dentro de la poesía total de Mistral. *Tala,* su siguiente obra, continúa la adscripción al cristianismo, pero con una conciencia racional y artística más clara y definitiva. En *Tala* se hayan presentes el paisaje latinoamericano, el sol del

---

21 Mistral, *Poesías completas*, p.202.
22 Mistral, *Poesías completas*, p. 162.

trópico, la cordillera de los Andes, el mar Caribe, el maíz y su tradición legendaria, los lugares de su país natal, las tierras de su niñez. La poesía declamatoria casi ha desaparecido. La contemplación de la divinidad tiene ciertos toques panteístas cósmicos. La vertiente de lo emocional va ahora por cauces en que la razón dirige y pondera. La exageración patética del llanto y de las lágrimas de *Desolación* ha desaparecido. Una contención de empaque intelectual confiere un reposo señorial a su poesía. Gabriela abandona el egocentrismo y lo anecdótico. La búsqueda de Dios es la búsqueda de un perfeccionamiento, de una plenitud a través del dolor y la felicidad, anverso y reverso de una realidad poética que se despoja, en gran parte, de la rima melódica a que el oído tradicional estaba acostumbrado. Hay, además, un mayor poder sugestivo en una frecuente estructura analizante ("La rosa"[23]):

> *La riqueza del centro de la rosa*
> *es la riqueza de tu corazón.* (vs. 1-2)

El desarrollo espiritual es como el abrirse de la rosa. Esta debe abrirse para dejar al descubierto todo su esplendor. El no querer abrirse a la sabiduría produce congojas y angustias. Esta sabiduría hace que el hombre, por amor, se hermane con todos los hombres y con toda la humanidad. He ahí la felicidad en este acto de entrega. Lo contrario, conservar la rosa ceñida, sin abrirse, produce la destrucción:

> *Desátala en un canto*
> *o en un tremendo amor.*
> *No defiendas la rosa:*
> *¡te quemaría con el resplandor!* (vs. 5-8)

---

23   Mistral, *Poesías completas*, p. 422.

Es en *Lagar* donde se descubre a la verdadera Mistral en sazón. Su poesía ha evolucionado y la misma poeta nos da cuenta de este cambio que significa una apostasía de ciertos valores estéticos a que ella se había adscrito ("La otra"[24]):

> *Una en mí maté:*
> *yo no la amaba.* (vs. 1-2)

Tener originalidad, lograr el dominio de la lengua para crearse un estilo, es un deber de un escritor. En su cumplimiento Gabriela habrá de luchar con ahínco. Lo confiesa al referirse a estos esfuerzos:

> *Pero es que precisamente nosotros, los maduros, nos sabemos la cuesta brava de la formación: nos recordamos, con uñetazos de sangre en la memoria, cuánto costó desbastarse y dominar los matorrales (a puño y acero) y no podemos olvidar el precio que en años largos y en voluntad empecinada se paga por una organización más o menos válida del alma de la lengua*[25].

Decía Gabriela que "el poeta lírico es un defensor de las imágenes en fuga"[26], y que "el poeta es un desata-nudos y el amor sin palabras nudo es, y ahoga"[27].

Esta preocupación por la poesía como algo muy serio e importante se evidencia en esta última metamorfosis. *Lagar* evita la rima de repetición mecánica

---

[24] Mistral, *Poesías completas*, p. 593.
[25] Onilda Jiménez, *La crítica literaria en la obra de Gabriela Mistral* (Miami: Ediciones Universal, 1982), pp. 88-89.
[26] Jiménez, p. 90.
[27] Jiménez, p. 90.

en favor de una mayor libertad y audacia. Explora nuevamente el tema de la muerte con claras motivaciones en sus dos muertos más amados: su madre y su sobrino-hijo. Gabriela había dicho:

> *Las mujeres hemos contado poco la enfermedad y la muerte, a las que entendemos muy bien, bastante mejor que los hombres, a fuerza de ser enfermeras de muchas vigilias* [28].

En "Caída de Europa" [29], poema dedicado a Roger Callois, se une a los que lloran a sus muertos:

> *Ven, hermano, ven esta noche*
> *a rezar con tu hermana que no tiene*
> *hijo ni madre ni casta presente.*
> *Es amargo rezar oyendo el eco*
> *que un aire vano y un muro devuelven.* (vs. 1-5)

En los poemas de *Lagar* se guarda el ritmo interno del discurso mientras se acentúa la libertad métrica.

En "Luto" [30] el tema es la muerte de Juan Miguel, su sobrino-hijo. La noticia de la muerte del muchacho llega repentina y de noche, según una breve alusión referencial del poema. El discurso poético tiene unidad, a nivel semántico, en la idea de que el dolor posee una fuerza transformadora. La sucesión de verbos produce un dinamismo expresivo: *empujó, abrió, brotó, creció.* Ello permite una velocidad y una urgencia, cualidades que acentúan el dominio que el sufrimiento impone en el espíritu y en el cuerpo todo: los hombros, las espaldas, los brazos, la sangre. Con esta

---

28   Jiménez, p. 124.
29   Mistral, *Poesías completas*, p. 675.
30   Mistral, *Poesías completas*, p. 711.

pormenorización se logra la expresión poética de la
total caída en el dolor y el luto. Es una elaboración
más compleja de la simbología que esta tercera metamorfosis de la Mistral ofrece. El árbol y su asociación
con madera, leño y cruz, reaparece como símbolos de
su cruz, o sea, de su sufrimiento. Este dolor la invade
a tal punto que ella misma es un árbol, esto es, un
árbol de luto:

> *En sólo una noche brotó de mi pecho,*
> *subió, creció el árbol de luto,*
> *empujó los huesos, abrió las carnes,*
> *su cogollo llegó a mi cabeza.* (vs. 1-4)

Dentro de este antropomorfismo, el árbol de luto,
o cruz de su pasión dolorosa, echará hojas y ramas.
Su agonía, en asociación con la de Cristo, que padece
tres días en la cruz, es aludida en:

> *y en tres días estuve cubierta,*
> *rica de él como de mi sangre.* (vs. 7-8)

La cruz y la sangre, simbólicas del sacrificio doloroso de Jesucristo, están presentes. Ella, la voz del
hablante lírico, es el árbol o cruz. A través del dolor y
del sacrificio, lo mismo que por el fuego, se llega a la
purificación.

Las alusiones a esta muerte se actualizan a través
de los signos de indicio: noche, nada, humo, árbol
devorado, carbón consumido, ciprés engañoso, enebro denso. Las menciones *ciprés* y *enebro* naturalmente proyectan la significación mortuoria y sacrificial. En identificación con el sacrificio de la muerte el
hablante lírico se une con ésta: *"Soy yo misma mi
ciprés"* (v. 30); *"mi sudario sin costuras"* (v. 32). El
árbol es símbolo de la vida. Lo es en todas sus formas.
Como raíz, semilla y fruto. Pero este árbol no se

plantó. No está en tierra, elemento necesario para su crecimiento. Y no es semilla. No dará simientes.

El luto súbito precipita al hablante lírico en una muerte en vida. Lo viviente, la claridad del cosmos *cayó, se fue,* es un pino *"que no cría más resinas / y raíces no tiene ni brotes"* (vs. 49-50); *"y nunca un racimo de piñas"* (v. 53). El árbol de la vida se ha secado y un solo color oscuro, de luto, invade con sus sombras definitivas.

La intensidad de esta plasmación lírica del dolor sacrificial está en las metáforas simbólicas y en el predominio de la función poética. La reiteración de estos signos de indicio confieren vehemencia e intensidad a la cosmovisión dramática del hecho fatal y luctuoso a que hace mención el referente:

> *subió, creció el árbol de luto* (v. 2)
> *empujó los huesos, abrió las carnes* (v. 3)
> *y en tres días estuve cubierta* (v. 7)
> *rica de él como de mi sangre* (v. 8)
> *¿Qué brazo daré que no sea luto?* (v. 10)
> *árbol devorado y humoso* (v. 18)
> *cerrazón de noche, carbón consumado* (v. 19)
> *enebro denso, ciprés engañoso* (v. 20)
> *noche y humo que llaman luto* (v. 25)
> *mi sudario sin costuras* (v. 32)
> *un solo costado de humo* (v. 52)
> *y nunca un racimo de piñas* (v. 53)

La fuerza de las imágenes gráficas, la acumulación de metáforas simbólicas y la fuerza confesional lírica, en un estilo original por un tono conversacional que la autora nunca abandonó, confieren a la poesía de Gabriela Mistral una eternidad de ritual sagrado y primitivo que sobrecoge al lector como una revelación cargada de bíblicas significaciones.

VOZ TESTIMONIAL DE LUIS CORTES
EN EL *CANTO GENERAL*
DE PABLO NERUDA

Como parte del *Canto General*[1] el poema "Luis Cortés"[2] participa de la monumentalidad de los quince libros que lo constituyen. Se podría decir de Neruda, como se decía de Lope de Vega, que es poeta del cielo y de la tierra. Traspasado de la eternidad de las piedras y de la atracción telúrica del paisaje, se siente parte de la historia de su país. Atadura espiritual que empieza a ser perentoria desde que escribe sus poemas para el que iba a ser únicamente *Canto General de Chile* y que, más tarde se impone, por su universalidad, como *Canto General* (1950). "Yo estoy aquí para contar la historia"[3], ha dicho Neruda, y su voz poética es una memoria que revela los mundos del hombre, en particular de los que tienen sed de justicia. El poeta ha confesado que no puede apatar su voz de todo cuanto sufre y, así, su voz se hace plural y multifacética. Hablará por los que murieron sin poder hablar. Juan Loveluck ha escrito que "de una generación de suicidas y delicados lunáticos que fue segada de modo implacable... él será el sobreviviente, el sostenedor del canto extinguido, el

---

[1]   Pablo Neruda, *Obras completas*, 3..ª ed. aumentada. Cronología de Pablo Neruda por Margarita Aguirre. Guías bibliográficas por Alfonso M. Escudero (O.S.A.) y Hernán Loyola. *Canto General* (Buenos Aires: Editorial Losada, 1967), pp. 317-722.

[2]   "Luis Cortés (de Tocopilla)", en *Canto General*, VIII, "La tierra se llama Juan". Pablo Neruda, *Obras completas,* edición citada, pp. 555-556.

[3]   Pablo Neruda, *Canto General,* I, "La lámpara en la tierra", "Amor América (1400)", v. 24, en *Obras completas,* edición citada, p. 319.

que prestará voz a las bocas silenciadas"[4]. Su voz testimonial llega a ser denuncia. Es el caro ejercicio de reto desafiante, de acusador de situaciones límites, de vidente. Hablará de la vida que se nutre de la muerte. Realismo y objetividad, descubiertos en Quevedo, se plasmarán con una nueva pulsación cordial. El poeta ha dicho: "Quevedo ha sido para mí no una lectura sino una experiencia viva"[5]. Hernán Loyola agrega: "A través de Quevedo encontró Neruda su propia ubicación en la historia, estableció objetivamente sus coordenadas temporales y territoriales"[6].

Neruda se integra a sus antepasados y, a través de la tierra fluvial de Chile, se incorpora a la tierra americana en su unidad esencial. Así, desde las alturas de Macchu Picchu, siente esta necesidad de permanencia, de reanudar el concierto remoto del pasado del hombre, de aquel que apenas dejó su huella en el camino: labrador, tejedor, pastor, Juan Cortapiedras, Juan Comefrío, Juan Piesdescalzos. "Yo vengo a hablar por vuestra boca muerta"[7], dijo Neruda. Para redimir de la muerte a estos héroes y heroínas de la vida, anónimos en su estatura individual, pero que se hacen historia en el trabajo y en sus lazos con la comunidad, Neruda adoptará el yo plural, multifacético, pero, sobre todo, centrará su quehacer en el yo de los perseguidos, de los lacerados y de los destruidos por la violencia. Ha redescubierto su raíz en el hombre del pueblo, en la intrahistoria cotidiana y anónima, con todas sus vicisitudes históricas y personales. Lo general se hace particular. Surgen nombres de seres particulares,

[4]   Juan Loveluck, "Una carta desconocida de Pablo Neruda", *Hispania*, 66 (1983), p. 421.

[5]   Hernán Loyola, *Ser y morir en Pablo Neruda* (Santiago: Editora Santiago, 1967), p. 177.

[6]   Loyola, p. 179.

[7]   Pablo Neruda, *Canto General*, II, "Alturas de Macchu Picchu", XII, v. 28, en *Obras completas*, edición citada, p. 347.

seres masacrados, arrasados por la pobreza, por la expoliación, por las contaminaciones de los ácidos. Su voz es semejante a la voz de un romancero de los olvidados. Esta visión del hombre inmerso en la naturaleza, en la eternidad, tiene una estructura binomial: muerte y vida. La primera se nutre de la segunda, y ésta de la primera, en una bipolaridad dialéctica persistente. El viento, la tempestad, las lavas volcánicas están junto a la belleza silenciosa de un pistilo o de una corola que se abre al rocío. Lo general y lo temible, junto a lo particular y lo tierno. Lo cósmico, territorial y planetario, junto a la indefensión humana. Su interpretación del mundo es su deseo de transformarlo. Su fe en la palabra es evidente.

Cuenta la historia, narra acontecimientos, de la manera que fueron, en la intersección de lo interno o intrínseco con lo externo o extrínseco, estableciendo dos categorías inseparables por la fuerte gravitación del contexto y del referente. Es el gesto de legitimización del conflicto del yo que experimenta una injusticia, un atropello a la condición humana.

En el poema "Luis Cortés", Neruda se centra en la peripecia individual de uno de los mineros arrastrados al campo de concentración de Pisagua. La voz testimonial emerge como parte de un romancero popular, emotiva, con un habla relajada, cotidiana, coloquial. La forma autobiográfica evidencia ser parte de un contexto referencial social y se le impone al lector como una verdad. Se llega, de esta manera, a una verosimilitud social magnificada.

El minero Luis Cortés[8] relata así la experiencia que Neruda va a recrear en el poema homónimo:

---

[8] La transcripción está tomada de una conversación sostenida entre Luis Cortés y la autora de este libro, efectuada en Africa, Chile, en 1971. Luis Cortés comienza la conversación diciendo: "Yo quiero decirle que yo soy un campesino que tengo dos años de escuela. Esa es toda la educación que recibí en mis años. Y yo llegué el año 1915 a la zona salitrera".

Vino la persecución del señor González Videla y ocurrió lo que todo Chile sabe. Fuimos sacados a las 4 de la madrugada, amarrados con alambre... allí en Tocopilla... De allí nos llevaron en los ferrocarriles a Pisagua. Yo en Pisagua estuve como 4 meses. Entonces yo propuse a los compañeros que nosotros debíamos fugarnos de Pisagua. Tocó la mala suerte que el día que debíamos fugarnos me llevan a mí a la Cordillera. Nos llevan al tranque de Garitaya. Allá en la Cordillera yo estuve 66 días. Yo estuve como 16 días sin recibir alimentación... Tenía sed, sed y calor y calor. Con una piedra quebramos un poco de hielo, echamos un poco de azúcar y con eso me alimentaba yo. Pero llegó el momento en que me agravé. Ya no me podía levantar. Entonces, el cabo de carabineros que había me dijo un día: mire, me dijo, yo no quiero cargar con esta responsabilidad, que le parece que yo me lo lleve; si me castigan, me castigan, me dijo... Yo iba en mula. La maleta y la ropa iba en el burrito. Tan chico el burrito, se le veía la cola y la cabeza no más con la maleta larga ahí... Anduvimos 26 horas de Garitaya a Codpa, 26 horas en mula. Cada una hora ellos me bajaban y me tendía yo en el suelo porque ya estaba muy débil... hasta que llegamos a Codpa. Allí en Codpa me junté con el compañero Orlando Millas, que estaba relegado ahí él. Un parlamentario hizo el denuncio de lo que a mí me había ocurrido y cómo me habían tratado y el estado de mi enfermedad. Después, Orlando Millas hizo una crónica y a raíz de esa crónica el compañero Pablo Neruda escribió los versos que ustedes conocen en el *Canto General.*

Neruda asume el rol de transmisor de la voz de Luis Cortés. Cortés adopta en el poema un discurso imprecativo, pues le pide al autor que sea portador de su verdad: *"Diga usted, camarada, lo que hace al pueblo el maldito"* (vs. 34-35). El poeta adopta, así, plenos poderes de vate y de juez condenador.

El poema recoge los siguientes hechos anecdóticos de la odisea de Luis Cortés: su detención en Tocopilla (*"en Tocopilla/ me agarraron";* vs. 2-3); su traslado brutal al campo de concentración de Pisagua (*"Me tiraron a Pisagua";* v. 3); la enfermedad que lo tortura (*"y mi corazón enfermo, aquí me tiene";* v. 31); su traslado a Garitaya (*"Es en lo alto, en la frontera con Bolivia";* v. 15); y la experiencia de ver enloquecer y morir a sus compañeros (*"Muchos cayeron enfermos, otros/ enloquecieron";* vs. 5-6). De esta manera Luis Cortés tiene el rol textual del emisor. El discurso participa de la coloquial segmentación de la frase. Emotiva y relajada nos llega un habla popular cotidiana.

El hablante lírico tiene como destinatario de su narración confesional a un lector o auditor en segunda persona. Las apelaciones a este destinatario se hacen con reiterativos vocativos: *camarada,* que en un margen conversacional está referido a un compañero, al mismo Neruda, y a través de ese tú, a todos los oyentes o lectores. La ubicación temporal y espacial es carente de ambigüedad y concede mayor fuerza y verosimilitud al relato poético. El verso *"Cuando vino la represión"* (v. 2), ubica en un punto de la historia de Chile en que el Presidente Gabriel González Videla gobernó sin libertades públicas y persiguió a todos los opositores de su régimen. En lo situacional están los lugares geográficos de Tocopilla, Pisagua y Garitaya. El poema se mueve, pues, en un plano referencial cronístico real. Tocopilla es un puerto minero del Norte de Chile. Pisagua no es mayor que una caleta de pescadores, al fondo de verticales acantilados, entre el desierto y el océano. Es un lugar aislado e inhóspito donde se construyó el principal campo de concentración[9]. De este lugar dice el hablante lírico que *"es el peor/ campo de concentración"* (vs. 6-7). Este juicio valorativo nos va introduciendo en la atmósfera asfixiante del poema. Los términos de mayor contenido negativo han sido dispuestos en las cimas expresivas de los versos: *asesinos, enloquecieron, terrible, enfermo, salobre, pulgones, hace frío, morir, dolores, muerte, padecimientos.*

La verosimilitud en este plano referencial es enfatizada con la especificación numérica. Por ejemplo, refiriéndose a Garitaya, dice: *"Un punto desolado, a 5.000 metros de altura"* (v. 16); y transcribe el número exacto de las horas en que Cortés debió bajar de las montañas atado a una mula: *"26 horas caminó la mula, y mi cuerpo/ ya no resistía, camarada, entre la cordillera sin/ caminos"* (vs. 28-30).

El discurso poético no abandona el tono testimonial y confesional. Hay frecuentes apelaciones: *camarada* se repite 7 veces en 43 versos. El estilo coloquial, entrecortado, se hace reiterativo: *usted sabe, usted no conoce, aquí me tiene, fíjese, a usted le toca, diga usted, usted, dígalo, no se olvide.*

La victimización del hablante lírico se hace más enfática con el uso del sujeto indeterminado: *me agarraron, me tiraron, me trasladaron.*

En 43 versos hay 43 verbos y el consecuente dina-

---

[9] Neruda se ha referido a menudo a este lugar: *"No olvidaré tu costa muerta donde/ del mar hostil la sucia dentellada/ ataca las paredes del tormento/ y a pique se levantan los baluartes/ de los pelados cerros infernales".* Canto General, XIII, "Coral de Año Nuevo para la patria en tinieblas"; II, "Los hombres de Pisagua", vs. 24-28, en *Obras completas*, edición citada, p. 638.

mismo expresivo comunica la intensidad del impulso, de la emoción y de la ira acusatoria.

Lo irrevocable queda explicitado en sintagmas sucesivos donde los pretéritos repiten una temporalidad de hechos consumados: *me agarraron, me tiraron a Pisagua, vi morir a Angel Veas, cayeron enfermos, enloquecieron, fue terrible, me sentí enfermo, me trasladaron, no pudo más, me amarraron, bajamos.*

Otras veces es el presente eterno el que establece el contexto situacional:

> *Es en lo alto, en la frontera con Bolivia* (v. 15)
> *Hay un agua salobre para beber, salobre* (v. 17)
> *Hace frío* (v. 20)
> *Es el peor/ campo de concentración* (vs. 6-7)
> *Aquí me tiene, fíjese* (v. 31)
> *No pienso pedir nada* (v. 33)
> *La lucha/ es larga* (vs. 40-41)

El discurso retoma la voz del presente y su forma coloquial. Se acentúa el poder de acción sobre los demás. En esta incitación a la acción el subjuntivo y el imperativo conceden un empaque autoritario o de vehemente deseo:

> *Fíjese/ en las magulladuras* (vs. 31-32)
> *Diga usted, camarada* (v. 34)
> *Dígalo, dígalo* (v. 38)
> *Que se conozcan estos padecimientos* (v. 42)
> *Que se conozcan, camarada, no se olvide* (v. 43)

Los frecuentes encabalgamientos destacan en la cima expresiva los términos que, en el nivel semántico, apuntan a la construcción de una realidad desoladora. Así, el tono patético del discurso aparece enfatizado por la anáfora semántica de contenido social. Todo el poema se autoconstruye en base a un emisor textual, cuyo discurso patético es entrecortado y repetitivo por la presión emotiva:

> *Vi morir a Angel Veas,*
> *del corazón, una mañana. Fue terrible*
> *verlo morir en esa arena asesina* (vs. 8-10)

Tres elementos dominan la composición: la soledad hostil, la violencia y la muerte. Dos símbolos de la poesía primigenia —el espacio y la sal— ayudan a configurar un paisaje temible. La sal es la corrosión, la muerte, el agua salobre y funeral:

> *Hay un agua salobre para beber, salobre*
> *más que el agua del mar, y llena de pulgones*
> *como gusanos rosados que pululan* (vs. 17-19)

El discurso participa así de la organización de la realidad mediante evocación (sentimientos, recuerdos, ideas) y alusiones ("pulgones") de sabio conocedor del hombre y de los rincones más apartados de Chile.

No obstante la mucha incertidumbre de la crítica en considerar o no considerar la referencialidad en la obra literaria, la voz testimonial del poema "Luis Cortés" ayuda a demostrar que el *Canto General* es una vertiente que se alimenta de la historia, el pueblo que la escribe y el paisaje telúrico en el cual se suscribe la experiencia del hombre.

LO HISPANOAMERICANO EN LENTE ESPERPENTICO EN LA NARRATIVA DE WINSTON ORRILLO

Recrear el aliento intrahistórico, recrear el impulso, los modos de pensar, la filosofía de la vida, revivir los apegos y desapegos, es entregar parte importante de lo que llamamos lo hispanoamericano. Esto —y no adoptar un empaque regionalista— es lo que trae sus aguas profundas y su quehacer espiritual. La prosa de Winston Orrillo coge la pulsación del acontecer cotidiano de parte de la realidad peruana que emerge con carácter propio, pero que se integra a la realidad más general de lo latinoamericano, lo cual —como sucede con los buenos narradores— lo hace partícipe de lo universal.

Orrillo presenta temas variados. Gran parte de ellos se han gestado en las experiencias primerizas de la niñez, en las vivencias de las correrías infantiles y de la pubertad.

A través de la memoria, Orrillo busca el pasado primordial. Tal sucede con *Barrios Altos* [1]. En el nivel referencial hay una zona sagrada —la zona lárica—, la de las calles y los barrios recorridos en la infancia, los barrios que atesoran aún toda la magia y la sorpresa.

Tres fuerzas van a disputarse la eficacia creativa: los lares de la infancia, la infancia como mítica zona

---

[1] Winston Orrillo, *Barrios altos* (Lima: Editorial Causachún, 1985).

del nunca jamás y la adolescencia con su despertar doloroso y fantasioso.

En *Barrios Altos* se postula que la adscripción del hombre a su barrio y a su peripecia diaria es fuerte. El cambio de vecindario involucra un desarrollo importante. La ruptura de esta identificación cabal del hombre a su barrio está señalada en el discurso del protagonista de "Barrios Altos", el cuento que da título al libro. Trasladado a Breña, el narrador de marras comenta su añoranza por el barrio que ha debido dejar:

> *Tú sabes cómo era allá; el chino Felipe, el loco Fabián, la vieja epiléptica, el maricón Aladino y el avaro Andrade: todos eran parte de nosotros. Todos éramos, como te digo, nosotros mismos. Aquí es diferente* [2].

En este viaje por la memoria, el tiempo con su fluidez esencial acoge cada experiencia del pasado. Las imágenes emergen de una prosa de una profundidad inmóvil, fijada por el tiempo, para la eternidad.

En "Dios y mi tía Clotilde", cuento del mismo libro, el interés se concentra en la atracción y curiosidad que siente el protagonista prepúber por conocer la secreta intimidad femenina. El muchacho, en sus primeros estallidos del misterio frutal, se despierta a la trascendencia de un paraíso imaginado y con los plenos poderes de la carne. En este relato se une lo infernal, lo prohibido, el fantasma del pecado, con la visión angelical; así, la reflexión pura e ingenua se mezcla con la demoníaca. El discurso personal de un protagonista infantil oscila entre el desamparo, la indefensión y el hechizo que le ofrece la opulenta cele-

---

[2]   "Barrios altos", *Barrios altos,* p. 18.

bración del banquete del mundo y en la cual se adivina su poder apocalíptico. Dice el protagonista,
narrador en primera persona:

> ... *me estoy quemando aunque es un calor-*
> *cito que viene desde el fondo de la sangre y*
> *no puedo dejar de seguir cantando y las*
> *caderas de mi tía son como ese mundo que*
> *el Corazón de Jesús tiene agarrado*
> *—redondo y perfecto como este momento*
> *en el que creo tener su perdón...* [3].

Desde una atmósfera onírica llegan voces, figuras
extrañas, contorsiones reveladoras y seres que respi-
ran cierto aire esperpéntico. Así, el esmirriado profesor de inglés del cuento "Caquita e'gato" [4]. Este personaje menoscabado por la vida y por las privaciones
no había perdido, no obstante, cierto empaque de
dignidad. Su estrafalaria figura y maneras afectadas,
amén de su orgullo soberbio y jactancioso, lo ubican
como una caricatura humorística. Su vestimenta es
raída y maloliente y sus ademanes son extravagantes
por la vanidosa ostentación y presunción magnífica.
Suntuosamente se apresura a presentarse ante los desconocidos como el "doctor Chávez". Dotada de estas
características, la figura del profesor de inglés es
acreedora de la inapelable crueldad de los chicos que
coge como alumnos privados y que le otorgan el
apodo de "caquita e'gato". El humor y la burla configuran una visión grotesca de este ser marginal, neuró-
tico y delirante, con sus privaciones y pobrezas:

> ... *nunca dejó de llevar una tira sebosa a la*
> *que, con mucha tolerancia, podría califi-*

---

3   "Dios y mi tía Clotilde", *Barrios altos*, pp. 22-23.
4   "Caquita e'gato", *Barrios altos*, p. 24.

> *carse como los restos de una corbata. Y,*
> *también, las pocas y peregrinas veces que*
> *me crucé con él, a lo largo de los espaciados*
> *años, llevaba la misma prenda; sí, podría*
> *jurarlo, la misma*[5].

El retrato del increíble personaje tiene vetas naturalistas cuando el autor incursiona en otros rasgos:

> *Muy delgado; la ropa, una sombra de puro*
> *vieja y grasosa. Piel blanquísima. Modales*
> *afectados. Restos de carca veteaban cuello,*
> *manos...* [6].

En gráficas imágenes y comparaciones lo define:

> *... resultó ser un estrafalario tipejo, mezcla*
> *de enano, mariposa y caricatura de Chaplin*
> *(a quien habíamos visto en varios cortos en*
> *el "Alameda")* [7].

Las reminiscencias infantiles acerca de tan insólito personaje tienen el sello irónico humorístico que es característico del autor. El narrador hace alarde de un humor de cierto ancestro picaresco, como cuando se refiere a la retirada del dómine:

> *Mientras tanto, el doctor D. Jorge Chávez*
> *recogía su manchado sombrero, y, con el*
> *gesto de un actor que acaba de recibir el*
> *"Oscar" por partida doble, abandona el*
> *escenario de sus triunfos, cruzaba el umbral*
> *de la casa de la calle "Naranjos" y tomaba*

---

[5] "Caquita e'gato", p. 26.
[6] "Caquita e'gato", p. 25.
[7] "Caquita e'gato", p. 24.

> *jirón Antonio Miró Quesada hacia abajo, en*
> *dirección al Diario "El Comercio", donde*
> *proyectaba una visita a sus compañeros de*
> *Universidad, los Miró Quesada; pero espe-*
> *cialmente a uno de ellos, al filósofo de la*
> *familia, con quien compartió, más de una*
> *vez, temas en varios congresos de epistemo-*
> *logía.*
> *—Good morning, everybody.*
> *El olor penetraba junto con la voz, medio*
> *aflautada* [8].

También en *Barrios Altos* se ejerce el poder evoca-
dor de la prepubertad en "Qué hacías con esa máscara" [9], cuando —para algunos más precoces— se
anuncia el despertar de la pubertad. Una muchacha
hermosa y de gentil porte y elegancia, que a los
muchachitos casi marginales se les aparecía como
diosa, lejana y resplandeciente, es descubierta, veinte
años después, por el narrador en primera persona de
la historia.

Ambas imágenes —la de la muchacha lejana y
nimbada de misterio temible y la de la mujer semia-
jada en un universo prosaico de la taquilla— se con-
trastan y visualizan a la luz de un estremecimiento
doloroso.

El paraíso imaginado surge desde las aguas claras
de los años de la pubertad distante:

> *Su cuerpo que crecía como un huerto que*
> *nosotros columbrábamos debajo del uni-*
> *forme azul. Su paso que fue tornándose más*
> *terreno diríamos. Su metamorfosis de niña a*

---

[8] "Caquita e'gato", p. 31.
[9] "Qué hacías con esa máscara", *Barrios altos*, p. 65.

> *mujer la apreciábamos por una suerte de —diríamos— descenso a la tierra* [10].

Tanto en *Barrios Altos* como en *El hombre que escribía en el asfalto* [11], y en *El último diario (nocturno) de Ana Frank* [12], se da un mismo hilo conductor: una sed erótica, un desafío lúdico y enamorado de la vida, una visión con valores hispánicos permanentes. Las miserias aparecen morigeradas por la ternura y la capacidad perceptiva de los personajes. Lo referencial de los relatos alude a situaciones estremecedoras por su humanidad. Lo anecdótico trivial se torna multifacético. El humorismo es persistente y se mezcla con situaciones fúnebres en un cuasi humor negro.

En *El hombre que escribía en el asfalto* aparecen:

1) el equívoco satírico: "La muerte de Federico", pp. 36-41; "El gordo Baltodano", pp. 88-91;

2) el conflicto social no exento de lo ideológico político: "Polpó", pp. 19-24; "Economía política", pp. 50-55;

3) la sordidez de una pensión para clase baja: "La rata", pp. 13-18;

4) las frustraciones y el desaliento en una atmósfera alienante y deshumanizada: "La caja registradora", pp. 56-62.

5) lo anecdótico y las fuerzas maléficas en un orden de fatalismo inclemente: "La ola", pp. 92-94; "Yo sé que volverá", pp. 46-49;

6) la fruición de centrar la atención en el cuerpo: "Manchas rojas", pp. 73-77.

En "Manchas rojas" el narrador en primera per-

---

[10]   "Qué hacías con esa máscara", p. 67.

[11]   Winston Orrillo, *El hombre que escribía en el asfalto* (Lima: Editorial Causachún, 1986).

[12]   Winston Orrillo, *El último diario (nocturno) de Ana Frank* (Lima: Editorial Causachún, 1986).

sona es el motivo de nutridas autorreferencias corporales. Hay un regodeo en lo enfermizo. El protagonista tiene su piel cubierta de manchas rojas y desarrolla una actitud defensiva y de tácita adhesión a su condición. Los elementos escatológicos no están ausentes en éste y en otros relatos de *El hombre que escribía en el asfalto*, como en "Las cucarachas" [13], donde la morosidad preside la descripción pormenorizada de la presencia de los repugnantes insectos:

> *Primero las había visto, qué repugnancia, pasearse por encima de todo lo que estaba en la cocina. Sus cuerpos marrones, brillantes y esas antenas que se movían con intensidad. Y lo numerosas que eran. Y su variedad de tamaños. Familias enteras, en espectáculo que de otro modo, hubiera resultado hasta enternecedor* [14].

El narrador, refiriéndose al loco protagonista del cuento que da título al libro *El hombre que escribía en el asfalto* [15], insiste en la repetida exaltación con que ejercía su manía de escribir en el asfalto y señalar la cantidad de dinero que el Estado le debía. El narrador aventura una conclusión acerca de este prototipo de hombre:

> *En la magra y astrosa figura de este maníaco, cuya suave locura me llamara tanto y tantas veces la atención, podía yo distinguir una imagen escalofriante de nuestras gentes* [16].

---

[13] "Las cucarachas", *El hombre que escribía en el asfalto*, p. 78.
[14] "Las cucarachas", p. 78.
[15] "El hombre que escribía en el asfalto", *El hombre que escribía en el asfalto*, p. 9.
[16] "El hombre que escribía en el asfalto", p. 11.

Con *El último diario (nocturno) de Ana Frank,*
Orrillo entra con pie firme en la narrativa hispanoamericana. Esta obra es su tercera entrega en prosa de
ficción. El primer relato es el que da título al libro.

La de Orrillo es una prosa geminativa de sorpresas
y desgarramientos, donde el autor muestra el vivir y el
desvivir del hombre común en su intrahistoria directa
y existencial, con sus renuncias y precariedades. Crea
un mundo de un correlato sociológico tierno y
humano, de generoso impulso, a veces devastador,
pero siempre auténtico. La autenticidad, por cierto, es
el pulso de su respiración narrativa.

Fino en el detalle y en la observación, nos lleva
con mano diestra, sin que la mano se vea —y éste es
su acierto—, a través de doce relatos, a un mundo
mentado que tiene en el contexto social su nivel referencial, emotivo y apremiante.

En el cuento "El último diario (nocturno) de Ana
Frank" [17], el protagonista viaja en autobús a Chi-
clayo, y su compañera de asiento, una anciana de
setenta años, de misterioso nombre —Ana Frank—,
pero con apellido de casada —de Chafloque—, va a
perturbarlo por los obvios motivos de su nombre
homónimo al de la célebre autora y mártir del genoci-
dio judío, y por otros motivos inconfesables, pero que
se adivinan a través del relato. Durante la larga travesía nocturna hacia el Norte del Perú, el protagonista
es asaltado por una serie de acosos, al parecer sexua-
les e imaginarios, pero que lo precipitan en una pesadilla de lo absurdo. En la irónica distorsión de la imagen de esta antiheroína, la ambigüedad deja margen a
un tenue deslinde entre las notas eróticas y oníricas y
el naturalismo de la infrarrealidad de lo escatológico.
El lenguaje directo es desconcertante:

---

[17] "El último diario (nocturno) de Ana Frank", *El último diario
(nocturno) de Ana Frank,* p. 9.

> *Yo con apenas un tembloroso ojo medio*
> *abierto, alcancé a distinguir el descenso de*
> *mi cancerbera que, antes de abandonar su*
> *tenaz emplazamiento a mi costado, me hizo*
> *la ofrenda de un discreto regüeldo, y de una*
> *soberbia descarga de gases, que no pudo*
> *menos que hacerme evocar las cámaras leta-*
> *les donde, apenas ocho lustros antes, moría*
> *la homónima, y seguramente antónima,*
> *autora de aquel Diario, que yo había sórdi-*
> *damente evocado durante la noche...* [18].

Un tinte feísta y grotesco apenas se morigera en las imágenes y sensaciones de duermevela y en los arrestos fáunicos del narrador en primera persona.

Se pinta la vida en un clima predominantemente urbano. El interés de la narración coge al lector desde el momento en que comienza, en forma casual, y con situaciones cotidianas; sin embargo, poco a poco, la tensión va en aumento hasta llegar al desenlace, casi siempre imprevisto. Así también sucede en "Su primera fechoría" [19], donde un realismo psicológico lúcido, en un desarrollo narrativo sin audacias estilísticas, crea un suspenso creciente.

La ironía crítica, devastadora por cierto, está presente en la mayoría de los cuentos. El autor la prodiga en "El profeta Atacuri", p. 17; "Cuello duro", p. 21; "Mi padre dice", p. 34; "La mejor alumna", p. 51; "Bombolo", p. 54.

En "El profeta Atacuri", a través del estoicismo irónico, el lector es introducido al ejercicio, no muy edificante, de Atacuri, pseudo pastor religioso que se dedicaba a iniciar doncellas en el rito sexual. Un pri-

---

[18] "El último diario (nocturno) de Ana Frank", p. 16.
[19] "Su primera fechoría", *El último diario (nocturno) de Ana Frank*, p. 41.

mitivismo lingüístico traduce un cinismo elemental del narrador:

> *... y esto es cuestión de iluminación porque así yo mismo podía ver la luz en el pechito de las muchachas que me traían para que las santigüe y las inicie y todo era que me las dejen porque a mí me hacía falta poco tiempo para saber si servían o no servían para nuestro culto y no había que hacer diferencias si flacas o gorditas con tal que seyan dóciles y entiendan la palabra divina y los gestos divinos y la mayoría seguro que entindieron porque no era nada malo y más bien les hacía bien porque al poco tiempo había que ver cómo se abrían esas muchachitas como manzanas o como rosas y todas sus bondades asomaban y la mayoría de los padres acababan felicísimos no sólo porque tenían un nuevo creyente en la casa sino porque la muchacha se les había muy pronto convertido en mujer* [20].

En "Mi padre dice", el mundo se revela en un realismo crítico en que se presentan las frustraciones individuales y sociales de la sociedad peruana. Es una pintura fácilmente extensible a otros países latinoamericanos en que la bestialidad policial y la persecución política configuran un modus operandi.

Winston Orrillo es, por otra parte, un penetrante conocedor del alma adolescente e infantil, cuyos lenguajes y jergas imita en una alquimia verbal admirable. En "Cuello Duro" se asiste al redescubrimiento del mundo en una narración de gran frescura y vero-

---

[20] "El profeta Atacuri", *El último diario (nocturno) de Ana Frank*, pp. 17-18.

similitud. El narrador testigo descorre el velo de los grupos, algo pandillescos, de adolescentes de los últimos grados de las escuelas secundarias del Perú. El muchacho, apodado "Cuello Duro", representa al infaltable delator y aprendiz de arribista, adulador de los que detentan el poder y algo blandengue interiormente. Contra este muchacho las emprenden el grupo subversivo, pero con una rebeldía sana y adolescente. Las actividades más inocentes, como elegir una reina de belleza estudiantil, adoptan rigores imprevistos y son toque de escándalo. Lo infracotidiano y coloquial cobran sus fueros lingüísticos en los apelativos *Olluco, el bizco, el flaco, el Virolo, la Yuca frita*. El narrador testigo es elocuente y arroja esa pequeña dosis de humor, sin la cual no es posible calar hondo en la condición humana.

En "Bombolo" se presenta una especie beatífica de profesor de música y víctima del ludibrio y el escarnio de los cuarenta y ocho alumnos de la clase. Aquí se rescata un retazo costumbrista de la vida escolar secundaria peruana.

Los cuentos "El ascensor del infierno" (p. 30) y "Concierto matinal" (p. 37) introducen a una visión infernal y apocalíptica, en una atmósfera de pesadilla, entre cortes violentos de la realidad.

Poeta hasta en la prosa, el autor asume la realidad como una actividad lúdica y cosalista: los pequeños enseres, los gestos, el detalle nimio, inadvertido, se magnifican en una técnica microscópica, a la luz del parpadeo centelleante del lenguaje coloquial, entrecortado y sugerente.

Del rico venero de la niñez y del arca inagotable de los lares y de los jardines de la infancia extrae su tesoro y nos lleva a los arraigos esenciales.

En la prosa de Winston Orrillo la idiosincrasia latinoamericana florece como en tierra propia. En el plano referencial se apunta a un contexto social hispanoamericano que refleja los anhelos, las vicisitudes, las esperanzas, los desencantos y el diario bregar por la subsistencia desde los niveles más elementales.

GONZALO ROJAS O LA POESIA
DEL RELAMPAGO

Porque dicha o desdicha,
todo es mudanza para ser
y más ser[1].

La poesía como autoesclarecimiento

La poesía de Gonzalo Rojas se nos presenta como un impulso totalizador del mundo, como un esfuerzo para recuperar una armonía trascendental entre el hombre y el universo, entre la vida y la muerte. Ello no implica oposición o juego de contrarios. No hay una dicotomía entre ambas presencias polarizadoras. Vemos esclarecerse el mundo. Percibimos una ordenación del caos a partir de la palabra poética. Esta ordenación —o esfuerzo totalizador— exige, por una parte, una revisión de las virtualidades de las apariencias y, por otra, de los hechos de la experiencia; esto es, un adentrarse de ese ser en la experiencia, en sus orígenes genésicos, hasta la perpetuación de éstos en un *partir-parir*[2] o en un *morir-renacer*. Esta condición arroja al hablante en la búsqueda de lo absoluto, de la verdad, a momentos de lucidez trágica y de victoria sublimizadora de la frustración. El poetizar se torna

---

[1]   Gonzalo Rojas, *De relámpago* (México: Fondo de Cultura Económica, 1.ª edición, 1981).

[2]   Gonzalo Rojas se refiere a esta bisemia que atiende a la etimología "parir", "partir" cuando comenta su poema "Transitorio" en entrevista con Julio Ortega. "Mapa y morada de Gonzalo Rojas", *La Gaceta*, 158, febrero 1984 (México, Fondo de Cultura Económica), p. 17.

así en un medio necesario y cada vez más exigente y patético de autoesclarecimiento, de aprehensión de un destino y de la construcción de una realidad. Es la experiencia dolorosa y espereranzada del poeta que definiera Juan Loveluck como "la violeta luz´ de exterminio que es la poesía como destino"[3]. Frente a la confusión, al caos y a la arbitrariedad del mundo, la poesía de Gonzalo Rojas ofrece siempre una extra-rrealidad cuyas aristas se rozan, se tocan o emergen, en sus fundaciones, con la muerte. Siendo la muerte, en su total y necesaria presencia, un hecho que pudiera sumergir en un vacío, en un hueco, en un sin-sentido, en un arcano tan nebuloso como misterioso, es, por el contrario, en la palabra del poeta, un acicate para dilucidaciones más trascendentales.

El amor, la tierra, la poesía lo enraízan a lo ele-mental y esencial y devuelven, en una marea creciente, perfiles más esclarecedores de la pregunta esencial, del misterio de las cosas, en suma, de la vida-poesía. Lo disperso, lo absurdo, lo arcano, de pronto fluyen en un cauce de verdad profunda y, entonces, el poeta ejerce sus oficios de vidente y de pequeño dios, no a la manera huidobriana con la recreación de la realidad, sino con el develamiento de un nuevo intracosmos, de un renacer a una ordenación cada vez más cabal del caos aparente, del que virtualmente se sale comba-tiente y combatido en la lucha por no morir del todo. Marcelo Coddou ha señalado que la poesía de Gon-zalo Rojas es "recepción innovadora en una entrega, originalidad absoluta en la asimilación total"[4].

En la búsqueda de la unidad primigenia y esencial hay una ética, nunca claudicante, de revelar y/o denunciar críticamente las sinrazones o entuertos. En

---

[3]   Juan Loveluck, "Neruda ante la poesía hispanoamericana", *Anales de la literatura*, 2-3 (Madrid, 1973-1974), p. 15.

[4]   Marcelo Coddou, "Gonzalo Rojas: *Oscuro*", *Revista Iberoamericana*, enero-junio 1978, p. 250.

la práctica, esto último ubica a Rojas en la poesía hispanoamericana como voz de denuncia en un continente en ebullición. Se proyecta hacia su interioridad, hacia su contexto sociológico, y de esta dialéctica sale fortalecido. José Promis afirma que "proyectarse dialécticamente hacia las raíces significa encontrar el espíritu universal de Hispanoamérica sin abandonar la afirmación de su propia realidad"[5].

Esta vigilancia valiente es también testimonio de la atracción envolvente, peligrosa y encantatoria de la tierra natal —de Lebu—, donde es sorprendido por ciertos signos, a manera de símbolos polisémicos, como el del relámpago que, como dice José Olivio Jiménez, "le servirá para expresar la fusión de la luz en lo oscuro, la instantaneidad y lo continuo, el deslumbramiento y la permanencia"[6]. De este modo domina en su temple de ánimo la oscuridad y el enigma del nacer y del morir; en suma, los enigmas terrestres que son estructurantes de su quehacer poético. Olivio Jiménez menciona pormenorizadamente las dualidades que asume la poesía de Gonzalo Rojas: "la materia y el Espíritu, el instante y la Eternidad, el accidente y lo Absoluto, lo Hondo y lo Alto, la historia y el Origen, lo visible y lo invisible, la nada y el Todo, la palabra y el silencio, lo diverso y lo Unico"[7]. Sin embargo, este desgarramiento es concebido como formas cambiantes de la realidad, no en una dialéctica irreconciliable, no en antinomias, sino en la apariencia imprevisible con que se manifiesta lo contingente en la vida del hombre.

Contra el fluir paradojal y abisal, desde el naci-

---

[5] José Promis, "La mirada poética en la literatura hispanoamericana", *Revista Chilena de Literatura*, 5 (1985), p. 71.

[6] José Olivio Jiménez, "Una moral del canto: el pensamiento poético de Gonzalo Rojas", *Revista Iberoamericana*, 106-107, enero-junio 1979, p. 370.

[7] Olivio Jiménez, p. 371.

miento a la muerte, la poesía de Gonzalo Rojas se carga de resonancias religiosas. Se asciende a lo sagrado. En la ascensión a lo divino hay una urgencia y una tensión, un ritmo de jadeante apremio físico. Es lo que el propio poeta ha calificado, refiriéndose a su lengua, de tartamuda, y que Nelson Rojas define como tartamudeante, producto "de una elaboración cuidadosa" que nos enfrenta "a un hablante poético que se ha apropiado de esa forma tan real de interacción lingüística"[8].

En esta señalada existencia apresurada el Verbo se hace eternidad: se hace poesía. Todo surge de una ansiedad vital y beligerante que confluye en una búsqueda de salvación: la de estar despiertos —y al aire— a las distintas voces del misterio[9]. En la angustia geminativa se establecen ciertos caminos de búsqueda. La angustia es evidencia de la imposibilidad y de la provisionalidad de un total esclarecimiento. En la precariedad irreversible el poeta se ata a las cosas, a la geografía, a la infancia, a la casa paterna. Las diversas geografías que Julio Ortega llama "cartografía del espacio poético"[10] y que Gonzalo Rojas asiente que se avienen con la lectura de esta poesía que "es un viaje al fondo de lo desconocido (¿lo nuevo?), o quiere darse con la fisonomía, con el aire del viaje"[11].

Dada la insuficiencia humana para resolver los enigmas de este salto hacia la muerte, lo erótico es, si no un camino de salvación, un modo que lo redime de la desesperanza. Como dice Carlos Cortínez, "allí está

---

[8]   Nelson Rojas, *Estudios sobre la poesía de Gonzalo Rojas* (Madrid: Editorial Playor, 1984), pp. 67-68.

[9]   Estar alerto frente a la vida es una urgencia en la poesía de Gonzalo Rojas: *"Ya no respiraré para otra cosa/ que para estar despierto noche y día"*, en "Monólogo del fanático", *Oscuro* (Caracas: Monte Avila, 1977), p. 54.

[10]   Ortega, p. 15.

[11]   Ortega, p. 15.

el contexto general de la obra de Gonzalo Rojas para demostrar, más allá de la aparente inmortalidad o complaciente lascivia, un temple vital de vigorosa salud"[12]. Para entender este concepto hay que escuchar al poeta cuando dice: "Materia recorrida. Me gusta eso. Es que los poetas de América hispana somos primordialmente 'reístas', atados acaso al viejo *pensamiento cosal,* el de los presocráticos: movimiento y crecimiento"[13].

En esta dicotomía mundo-palabra el mundo es insuficientemente nombrado por la palabra y ésta es insuficientemente dotada de virtudes transformadoras del mundo. Así, el poeta ha hecho una morada, un espacio en que se vive y se *desvive.* De estos espacios-moradas ninguno tan expresivo como el que crea en el mundo mentado en el poema "Carbón"[14].

En "Carbón" el poeta se adentra en el mundo de su cosmos familiar y existencial[15]. De este poetizar surge una iluminación para el lector: no hay otra manera de sentirnos vivir y morir en el cosmos que reconocernos en nuestra raíz, y, por ende, la fraternidad, la autenticidad, la verdad —y todo un ethos— surgen de la recreación a través de la experiencia poética, del vivir y desvivirnos como personas.

En el poema "Carbón" el hablante poético evoca una escena de infancia. En el texto es posible identificar cuatro unidades semánticas. En la primera unidad (versos 1-5) el discurso poético se refiere a un lugar específico, a Lebu, la tierra natal del poeta. Abierto con sus cinco sentidos ávidos, como quien ve, acaricia,

---

12 Carlos Cortínez, "La salvación, de Gonzalo Rojas", *Revista Iberoamericana,* 106-107 (enero-junio 1979), p. 365.

13 Ortega, p. 15.

14 Gonzalo Rojas, *Del relámpago,* pp. 185-186.

15 Hay, además, otros textos que tienen como eje a su padre, a su madre y a la tierra: "Crecimiento de Rodrigo Tomás", "Vocales para Hilda", "La difunta de abril", "Morada yacente y madre que anda", "Celia".

recorre con sus dedos y huele, el hablante lírico se
hace parte de la naturaleza, del río caudaloso y temible que está incorporado a su vida:

> *lo siento*
> *como una arteria más entre mis sienes y la*
> *[almohada* (vs. 4-5)

Así como también el viento y la lluvia:

> *cuando el viento y la lluvia me mecían* (v. 4)

La integración se hace evidente por las menciones
de *río, Lebu, veo, fragancia, lo escucho, lo huelo, lo
acaricio, lo recorro, lo siento.* La visión es dinámica y
está ubicada casi totalmente en un presente. Sólo el
sintagma "como entonces" (v. 3) hace referencia a un
pretérito:

> *lo recorro en un beso de niño como entonces*

En la segunda unidad (vs. 6-11) la reiteración
copulativa "es él" conduce a un referente de connotaciones emotivas:

> *Es él. Está lloviendo.* (v. 6)
> *Es él. Mi padre viene mojado.* (v. 7)

Sucesivas visiones dan cuenta de un acontecer. El
lenguaje se hace coloquial y es cortado por la
emoción:

> *Está lloviendo.* (v. 6)
> *Mi padre viene mojado.* (v. 7)
> *Es un olor*
> *a caballo mojado.* (vs. 7-8)
> *No hay novedad.* (v. 10)

En la tercera unidad (vs. 12-16) se adopta un diálogo en que la madre es una interlocutora pasiva, una
presencia silenciosa que concede mayor verosimilitud
a la andadura poética evocativa:

> *Madre, ya va a llegar: abramos el portón,*
> *dame esa luz, yo quiero recibirlo*
> *antes que mis hermanos. Déjame que le*
> *[lleve un buen vaso de vino*
> *para que se reponga, y me estreche en un*
> *[beso,*
> *y me clave las púas de su barba.*(vs. 12-16)

La tercera unidad se completa con la subunidad
(vs. 17-20) en que se describe cómo llega el padre. Hay
aquí una acumulación de adjetivos:

> *embarrado, enrabiado contra la desventura,*
> *[furioso*
> *contra la explotación, muerto de hambre*
> (vs. 18-19)

El verso que abre esta subunidad remite a una
imagen patriarcal y noble por las connotaciones que
tiene la unidad sintáctica semántica *"Ahí viene el
hombre"* (v. 17). La unidad se cierra con la reiteración
"ahí viene". Dos veces en el verso 17:

> *Ahí viene el hombre, ahí viene* (v. 17)
> *embarrado*

Y una vez más en el verso 19:

> *ahí viene* (v. 19)
> *debajo de su poncho de Castilla* [16]

---

[16]   En los crudos inviernos de Chile el trabajador se cubre con un pon-
cho de lana muy bien hilada, llamado de Castilla. Acostumbran aún a pasar
el río de crecida con inminente peligro de su vida. Así, cada travesía se
transforma en un acto heroico.

En la cuarta unidad (vs. 21-31) se inicia un diálogo con el padre. Este también está silencioso, al igual que la madre en la unidad tercera, pero el hablante lírico es ya un adulto. El discurso informa de un hablante que emite juicios de valor, de admiración por el padre:

Ah, minero inmortal (v. 21)

Se menciona el lar paterno (*"esta es tu casa"*, v. 21), adjetivado por el encabalgamiento *"de roble"* (v. 22), que hace alusión a la madera más resistente a la humedad y al deterioro. Se hace referencia al hecho que esta casa de roble fue levantada por el padre:

que tú mismo construiste (v. 22)

La casa de la infancia se incorpora, así, al cosmos poético con las connotaciones de solidez, permanencia, eternidad, refugio y enraizamiento.

En los versos siguientes el dinamismo expresivo es notable. Los encabalgamientos son violentas rupturas y las reiteraciones son reforzativos fónico-semánticos. El tono se hace entrecortado por la emoción:

te he venido a esperar, yo soy el séptimo
de tus hijos. No importa
que hayan pasado tantas estrellas por el cielo
[de estos años (vs. 23-25)

Comienza una conversación trémula y emocionada de reminiscencias. El padre es invitado a pasar:

Adelante (v. 22)

En este raconto, de gran economía expresiva, se menciona que durante esos años ha muerto la madre, ha habido nacimientos, la vida ha tenido signos adversos y, en esto último, padre e hijo han experimentado el dolor:

> *No*
> *importa que la noche nos haya sido negra*
> *por igual a los dos* (vs. 27-29)

En esta relación los paralelismos sintagmáticos *"que hayan pasado"* (v. 25), *"que hayamos enterrado"* (v. 26), *"haya sido"* (v. 28), enfatizan la idea de sucesos pretéritos y consumados. En los versos finales (30-31) se corta esta relación abruptamente y, si con un *"adelante"* (v. 22) se había invitado al padre a entrar a la casa, ahora se repite la idea con un *"pasa"* (v. 30).

Hasta aquí la sugestión viva en el poema es la de un padre que únicamente escucha, que está allí, que no es un fantasma. Esta ilusoria realidad se trueca en la evidencia de la ausencia definitiva del padre, de su muerte, de que sus ojos están cerrados para siempre:

> *—Pasa, no estés ahí*
> *mirándome, sin verme, debajo de la lluvia*
> > (vs. 30-31)

La lluvia abarca un campo semántico pleno de sugerencias: bajo la lluvia están todas las evocaciones de la niñez; bajo la lluvia el padre es mencionado, por única vez, con nombre y apellido, *Juan Antonio Rojas;* bajo la lluvia el padre lucha por llegar a su casa desde la mina, en una noche torrencial y con el río crecido; bajo la lluvia el padre está inmóvil y está mirando sin ver. La palabra *debajo* sugiere algo enterrado, confiere la idea de sepultación. El sintagma *"debajo de la lluvia"* (v. 31) cierra el eslabón final para hacer más eficaz la visión del padre, definitivamente muerto, pero vivo en el recuerdo del hablante que lo evoca en la casa de la infancia con una serie de elementos dramáticos y dolorosos, impregnados de un orgullo heroico y filial.

En "Carbón" las referencias autobiográficas son significativas: el lugar de origen —Lebu—, la casa de la infancia, la mención del padre por su nombre de pila, el ser el séptimo hijo, la muerte de la madre posterior a la del padre, todos datos que, conjugados con las lluvias torrenciales, los ríos desbordantes, la fuerza de los inviernos y la épica cotidiana, condicionan la intrahistoria de casi todos los pueblos del sur de Chile y, especialmente, de la tierra natal del poeta.

La lluvia es conformante de un espacio cósmico, íntimo y familiar. El viento, el agua, el río amenazante, remiten a una vida contingente, precaria y peligrosa en imágenes cósmicas vivenciales:

> *La noche torrencial se derrumba*
> *como mina inundada, y un rayo la estremece*
> (vs. 10-11)

Esta *noche* del poema evidentemente remite a la imagen arquetípica de la noche del nacer y del morir. Es el fluir de la vida entre dos espacios oscuros. Por ello, es metáfora para aludir a *vida:*

> *No*
> *importa que la noche nos haya sido negra*
> (vs. 28-29)

Combatiente de la vida, Gonzalo Rojas ha dicho que la poesía:

> *se escribe con los dientes, con el peligro,*
> *con la verdad terrible de cada cosa* [17]

---

[17] Gonzalo Rojas, "Victrola vieja", *Oscuro,* p. 179.

Junto a las raíces americanas y universales están las raíces de su sangre, de su padre, de su madre —la mujer eterna— que es transmisora, en misterio sagrado, de la maternidad gloriosa en el poema "Celia"[18].

La plasmación poética dramática recoge una vigencia vital portentosa. Es un poeta puesto a volar, pero con los pies en la tierra, nutriéndose del humus natal, de su país, Chile, de su zona lluviosa y telúrica:

> *Veo un río veloz brillar como un cuchillo,*
> *[partir*
> *mi Lebu en dos mitades de fragancia, lo*
> *[escucho*
> *lo huelo, lo acaricio, lo recorro en un beso*
> *[de niño como entonces.*[19]

Erotismo cósmico y sagrado

Lo erótico en la poesía de Gonzalo Rojas va unido a una estética atemporal. El poeta descubre en el amor de la pareja humana una armonía oculta y cósmica. En su descubrimiento de la belleza encuentra un camino hacia la divinidad. Si postulamos con Joseph A. Feustle que "en el fondo de la experiencia mística, poética y amorosa, yacen dos conceptos claves: una conciencia de escisión y una búsqueda de unión[20], entonces el erotismo místico de Gonzalo Rojas constituye una búsqueda de Dios, una experiencia agónica e interrogante, en sentido unamuniano. Es una lucha por no morir, como el poeta mismo lo enunciara en:

---

18   Gonzalo Rojas, *Del relámpago,* p. 172.
19   Gonzalo Rojas, "Carbón", vs. 1-3.
20   Joseph A. Feustle, Jr., *Poesía y mística* (Xalapa: Centro de Investigaciones Lingüístico-Literarias, Instituto de Investigaciones Humanísticas, Universidad Veracruzana, 1978), p. 48.

¿De qué me sirve el cuerpo que me obliga a
                                            [comer,
y a dormir, y a gozar, si todo se reduce
a palpar los placeres en la sombra,
a morder en los pechos y en los labios
las formas de la muerte?[21]

Con la lucha el hombre en su frágil desnudez experimenta una mudanza, vence la alienación y emerge con una fuerza singular —un único poder— para oponerse al tiempo, a la muerte e ir más allá de lo contingente. Por sobre la culpa o el amor institucionalizado, su eros vuela libre: es una suerte de prueba de su capacidad de elección. El hombre se nos presenta oscilando entre la entrega desaprensiva al festín brutal del amor y la angustia de trascender.

En el poema "¿Qué se ama cuando se ama?"[22], el hablante lírico se entrega a la ambivalencia del amor, concebido como espiritualidad y lujuria. De la lujuria extrae una experiencia sin sentido, ciertamente ciega y estéril. De la espiritualidad extrae la contraposición primordial entre Eros y Thanatos:

¿Qué se ama cuando se ama, mi Dios: la luz
                                        [terrible de la vida
o la luz de la muerte? (vs. 1-2)

Las concordancias sémicas aparentemente ilógicas —luz de la vida; luz de la muerte— del paralelismo antitético reiteran una visión en que vida (amor) y muerte, en dialéctico dualismo, se penetran y enriquecen mutuamente y rescatan su sentido último. La luz

---

[21]   Gonzalo Rojas, "El sol y la muerte", vs. 8-12, *La miseria del hombre* (Valparaíso, Sociedad de Escritores de Chile, 1948), p. 11.

[22]   Gonzalo Rojas, *50 poemas* (Santiago: Ediciones Ganymedes, 1982), p. 11.

es símbolo de sabiduría mística, como lo reafirman los textos testimoniales: "Baste saber ahora que el mismo Dios que quiere entrar en el alma por unión y transformación de amor, es el que antes está embistiendo en ella y purgándola con la luz y calor de su divina llama"[23].

Naturalmente es un impulso místico el que late en la poesía de Gonzalo Rojas, en una etapa en que el alma está consciente de las tinieblas, pues puede avisorar la existencia de la luz. Noche oscura de debate y confusión, de incertidumbre hambrienta de claridad, de divinidad, en una etapa muy primeriza. Primera noche de purgación en que el alma está orientada hacia los sentidos de toscos goces terrenales y empieza a sentir una necesidad de una respuesta más plena ante los enigmas espirituales. Es una larga experiencia. Recordemos las siete lámparas con su hermosura y resplandor extraterreno a través del cual Dios penetra en las oscuras cavernas del sentido. La luz, símbolo de sabiduría mística, como se ha dicho, alude a esta iluminación, al conocimiento que redime de la muerte física. Con la precariedad y soledad de la "luz terrible de la vida" el hablante lírico se lanza para rescatar la unidad, en una transfiguración que anula el tiempo y la dicotomía vida y muerte. Así, el amor entraña la búsqueda de unidad, la superación de la percepción de extrañeza de estar en el mundo, el vencimiento de la otredad. La duda se hace exigente:

> *¿Qué se busca, qué se halla, qué*
> *es eso: amor?*[24]

---

[23] *Vida y obra de San Juan de la Cruz*, edición crítica, notas y apéndices por Lucinio del SS. Sacramento O.C.D., 5.ª ed. (Madrid: Biblioteca de Autores Cristianos, La Editorial Católica, 1964), p. 842.

[24] Gonzalo Rojas, "¿Qué se ama cuando se ama?", vs. 2-3, *50 poemas*, p. 11.

Ante la duda mística de que estos buceos eróticos sólo sean un juego dentro del sentido cósmico divino, el hablante lírico pregunta angustiosamente:

> *¿O todo es un gran juego, Dios mío, y no hay*
> *[mujer*
> *ni hay hombre sino un solo cuerpo: el tuyo,*
> *repartido en estrellas de hermosura, en par-*
> *[tículas fugaces*
> *de eternidad visible?*[25]

El amor, en su aspecto carnal y de asalto masculino, es un elemento cuya significación aparece ambigua y misteriosa y, por ello, es también sometido a una hermenéutica:

> *... es eso: amor? ¿Quién es? ¿La mujer con su*
> *[hondura, sus rosas, sus volcanes,*
> *o este sol colorado que es mi sangre furiosa*
> *cuando entro en ella hasta las últimas*
> *[raíces?*[26]

Se enfrentan en una alternancia disyuntiva reiterativa los símbolos de lo femenino y de lo masculino. La elisión del verbo copulativo *es* en (es) *la mujer* o (es) *este sol,* contrapone ambos fragmentos fónico semánticos con un sentido menos concreto y más sugerente. Las fuentes de los símbolos emanan de la geografía y la naturaleza: hondura, rosas, volcanes, sol, raíces; entre ellos, el de mayor riqueza polisémica es *sol,* que aparece asociado a impulso genésico, elemento activo en la formación de la vida y, ciertamente, símbolo polarizador del fuego y fuerza cósmicos. *Rosas,* en

---

[25]   Gonzalo Rojas, "¿Qué se ama cuando se ama?", vs. 6-9.
[26]   Gonzalo Rojas, vs. 3-5.

forma plural, es metáfora para atributos corporales hermosos y se asocia al símbolo del amor triunfante con que se engalana Venus.

El dramatismo de las interrogantes emana de su carácter reiterativo: ¿que se ama?, ¿qué se busca?, ¿qué se halla?, ¿qué es eso?, ¿quién es?, ¿la mujer?, ¿o todo es un juego? La verdadera pregunta es: —qué significado último tienen el amor y la experiencia erótica en la búsqueda de trascendencia y en el gran salto hacia la muerte. La mujer es de naturaleza sagrada, por ende, apurar el cáliz del placer, en la lujuria y hasta las últimas consecuencias, no resuelve las incógnitas del hablante lírico.

El amor y la poesía, según Gonzalo Rojas, participan de un elemento misterioso y divino que alienta la hermosura del gran espectáculo terrestre. Los versos finales muestran un hablante lírico desvelado y agónico en su búsqueda perpetua, en términos semejantes a los que Feustle señala para la búsqueda mística:

> *Me muero en esto, oh Dios, en esta guerra*
> *de ir y venir entre ellas por las calles, de no*
> *[poder amar*
> *trescientas a la vez, porque estoy condenado*
> *[siempre a una,*
> *a esa una, a esa única que me diste en el*
> *[viejo paraíso* [27].

Se siente atraído por la idea, no por una presencia femenina en particular, porque en cada una de ellas busca la esencia. Se confiesa en un ir y venir obsesivo, a la manera platónica, buscando el encuentro con su otra mitad, con la única, con su complemento primordial, del cual está separado y por el cual siente

---

[27] Gonzalo Rojas, vs. 10-13.

una urgencia que le devora. Obviamente, la búsqueda
traspasa los límites de la anécdota carnal y evidencia
una modalidad filosófica y hasta metafísica.

Nada más alejado de la cosmovisión del poeta que
la frivolidad. Lo afirma Marcelo Coddou en su lúcido
ensayo sobre Rojas: "El amor no es nunca apreciado
en su pura carnalidad intrascendente —lo que de
ningún modo implica negación o carencia del goce—,
ni menos como experiencia frívola"[28]. Más aún, el
poeta abomina de la mujer que trasunta los elementos
adversos propios de la mujer serpiente o víbora, que
tiende una trampa para el vértigo sensual del hombre
y carece de las cualidades enigmáticas y virtudes
encantatorias de lo femenino espiritual:

> ¿Culebra, o mordedura de pestañas quema-
> [das, o únicamente víbora
> del mal amor? A pocos centímetros me
> [fuiste
> movediza, arenosa. Nunca entraste.
> Nunca saliste, y todo fue polilla a lo largo
> [del encanto[29].

El sintagma *mal amor* cede a su opuesto *buen
amor,* o *amor divino,* o al menos con ciertas
disposiciones divinas a que se asociaría el amor con
espiritualidad. Dentro de esta experiencia el hablante
lírico confiesa su desilusión:

> Meses hay
> lerdos y envilecidos, como si todo el aire fue-
> [ra mosca,
> en los que uno confunde la trampa con el cie-

---

28   Marcelo Coddou, *Poética de la poesía activa* (Madrid-Concepción:
Ediciones Literatura Americana Reunida, LAR, 1984), p. 184.
29   Gonzalo Rojas, "A esa empusa", vs. 1-4, *50 poemas,* p. 25.

[lo. Y es fácil que nos den
una mujer por otra, y es sucia la desgracia [30].

En "Pareja humana" [31] se establece un universo
poético delirante, coincidente con la urgencia propia
de las dudas y desasosiegos del hablante lírico en una
situación límite. Desgarrados los amantes de su
emplazamiento cotidiano, vencen sus zozobras por
breves instantes; adviene, entonces, la conciencia de la
caída. Ante esta inminencia de ser arrojados del
paraíso apelan a una redención. Desde el primer verso
se impone la eficacia lingüística a través de lo que
Nelson Rojas ha llamado, en su iluminador ensayo
sobre la poesía de Gonzalo Rojas, "pareos léxico-
fónicos" [32]. *Hartazgo* y *orgasmo* (de: "Hartazgo y
orgasmo son dos pétalos en español de un mismo lirio
tronchado", verso 1 de "Pareja humana"), repiten
grupos fónicos, con lo cual se logra un enriquecimiento
semántico. Tanto el hambre de amor —como el
hambre física—se proyectan hacia una satisfacción
que Nelson Rojas explica como una búsqueda de
correspondencia entre significante y significado [33].

La estructura del poema está presidida por la
magia del dos: dos pétalos de un mismo lirio, dos
pétalos de nieve, dos espléndidos cuerpos deseosos. El
pecado original, como conciencia alerta, y un
vitalismo erótico, confieren al universo poético una
dramaticidad y una tensión bipolar que contiene el
tema central de la poesía de Gonzalo Rojas: la
indefensión del hombre, la miseria del hombre, del
hombre que entra al juego de vivir y desvivirse por no

---

[30] Gonzalo Rojas, "A esa empusa", vs. 14-17.
[31] Gonzalo Rojas, *50 poemas*, p. 29.
[32] Nelson Rojas, *Estudios*, p. 21.
[33] Es la "búsqueda por otra parte del poeta de la *motivación* de los
signos lingüísticos, concepto opuesto al de *arbitrariedad*". Nelson Rojas,
Estudios, p. 26.

morir del todo. El apremio y la duda unamunianas están impulsados por la ansiedad de trascender la experiencia contingente. En esta insuficiencia, en esta soledad, el amor y el erotismo constituyen una respuesta. La mujer aparece en el ámbito de lo sagrado y la experiencia erótica se desarrolla como un ritual. En el ritual se citan, con respeto hierático, cada uno de los pasos del hombre sobre la tierra: nacimiento, crecimiento en el amor y el conocimiento, atadura a Dios y al paraíso, angustia y hambre genésica y espiritual.

El uso de símbolos es reiterativo en la poética de Gonzalo Rojas: huevo, semilla, sol, aire, silencio, oscuridad, cítara, paraíso, sangre, latido. Los adverbios expresan, con lentitud fonética, la experiencia erótica a que se alude: *"olfato y frenesí tristemente tiritan"* (v. 2); *"ligeramente heridos"* (v. 5); *"empieza lentamente"* (v. 8) ("Pareja humana"). La asociación erotismo-muerte (Eros-Thanatos) está presente con fuerza evocativa en la eficacia del lenguaje poético de este poema. Los amantes aparecen identificados con el lirio tronchado y otros términos que, irracionalmente, se asocian con la muerte: tiritan, blancura, última, pétalos de nieve y lava, ligeramente heridos, luz sanguinaria, hundirse. Una acumulación de adjetivos confiere morosidad sintáctica a la expresión: deseosos, cautelosos, asustados, heridos. La experiencia vital no es un festín frívolo y la angustia de trascender es apremiante:

> *Así el amor en el flujo espontáneo de unas*
> *[venas*
> *encendidas por el hambre de no morir, así la*
> *[muerte:*
> *la eternidad así del beso, el instante*
> *concupiscente, la puerta de los locos...*
> (vs. 9-12).

En el poema, la experiencia erótica es un desgarramiento en que el hablante lírico, consciente de su caída, pide paz y tregua después de haber mordido la fruta del paraíso, en una imprecación a Dios: "—Dios,/ ábrenos de una vez" (vs. 13-15).

Una simbología erótico-mística forma parte del lenguaje encantatorio en esta plasmación lírica apremiante en su filosofía universal. El valor de la verdad es elevado al más alto nivel y se busca lo absoluto a través de la poesía. En ésta, los símbolos esclarecen un contenido místico y vital. El sol y la semilla apuntan a lo masculino, lo genésico; el agua, en sus formas de mar, ola, río, lluvia, torrente, es decir, en sus formas dinámicas, representa la plenitud vital, la gratificación erótica, la poesía y la creatividad.

En el poema "Vocales para Hilda" [34], uno de los más perfectos y originales textos poéticos en la literatura hispanoamericana y, según el juicio de Humberto Díaz Casanueva (que recoge Marcelo Coddou), "una de las creaciones, mejor dicho, *culminaciones,* de la poesía castellana o latinoamericana" [35], la estructura gráfica es una construcción arquitectónica que imita, en la disposición tipográfica, la arrogancia esbelta y grácil de la amada que pasea su elegancia y su secreto misterio en la altura de las altas esferas. El neomisticismo de esta visión representa a la mujer única, que en sí incluye a la mujer del paraíso terrestre y el reflejo de la divinidad. Las columnas de las estrofas se adelgazan hasta el término *Tú,* cuyo referente femenino condensa en sí los atributos de la belleza sublime y del aliento sagrado. Las menciones reiterativas de música-aire conceden sentido cósmico

---

[34] Gonzalo Rojas, *Oscuro* (Caracas: Monte Avila Editores, 1977), p. 90.
[35] Humberto Díaz Casanueva, "*Oscuro* de Gonzalo Rojas", *Eco,* 190, pp. 398-404, citado por Marcelo Coddou en *Poética,* p. 190.

al discurso poético, en el cual aparecen connotaciones relacionadas, tales como: aire, viento, aéreo, soplar, cítara, vibrante, ritmo, cuerda, acordes, música. El aire es el elemento ligero e invisible. Según la idea alquimista, la tierra "se alza del caos acuático originario, de la masa confusa; sobre la tierra está el aire, como la sustancia volátil que surge de ella" [36]. El aire es asociado con el genio de la inspiración y de la poesía.

La quietud y elevación y empaque majestuoso de esta mujer diamantina la ubican en un nivel hierático y sublime:

> *tú,*
> *la alta,*
> *en el aire alto* (vs. 10-12)
> *...*
> *que soplas,*
> *al viento*
> *estas vocales*
> *oscuras,*
> *estos*
> *acordes*
> *pausados*
> *en el enigma*
> *de lo terrestre* (vs. 100-108)

Esta mujer es la flor cósmica, es el centro, y a su alrededor se extiende el círculo de la totalidad. El aire, con su vibración, transmite el sonido de la música y de la poesía, cuyo ritmo y belleza reflejan la armonía y hermosura divinas. Esta mujer que es:

---

[36] C. G. Jung, *Psicología y alquimia* (Barcelona: Plaza & Janés, 1977), p. 196.

> *cítara*
> *alta* (vs. 5-6)
> ...
> *cuerda*
> *para oír*
> *el viento*
> *sobre el abismo*
> *sideral* (vs. 34-38)

es además:

> *fragancia*
> *de otra música* (vs. 67-68)

La "otra música" evidentemente nos hace participar de la concepción de una mujer en armonía con lo telúrico y místico. Es, a la vez, la mujer que recibe la espiritual devoción, pero que es, al mismo tiempo, el cuarto tipo femenino de Jung que simboliza la sabiduría que trasciende lo más sagrado y lo más puro [37]. La mujer del poema permanece quieta, como centro del universo; permanece divinizada y espléndida en su altura. Desde allí, como sacerdotisa, ha de soplar en el viento:

> *estas vocales*
> *oscuras,*
> *estos*
> *acordes*
> *pausados*
> *en el enigma*
> *de lo terrestre* (vs. 102-108).

---

[37] "Of this another symbol is the Shulamite in the Song of Salomon... The Mona Lisa comes nearest to such a wisdom anima", C. G. Jung, *Man and His Symbols* (New York: Doubleday, 1964), pp. 185-186.

Ella es como una hechicera que tuviese el don de soplar o inspirar el lenguaje, instrumento de la poesía.

En esta Poesía-Verdad, la mujer mentada en el poema devuelve la significación y revela el secreto de la tríade poesía-verdad-libertad, implícita en todo acto de creación. Las reminiscencias del nacimiento de Venus emergiendo de las espumas del mar en:

> *hija del mar*
> *abierto,*
> *áureo,*
> *tú que danzas*
> *inmóvil*
> *parada*
> *ahí*
> *en*
> *la transparencia*
> *desde*
> *lo hondo*
> *del principio* (vs. 73-84)

nos entrega la imagen de la mujer como elemento primordial y original. Aparece con esta connotación en los símbolos que polarizan las fuerzas de lo femenino en el *yin* y existen en las instancias dialécticas y de complementación con el *yang* [38]. La mujer del poema es la que duerme y adivina y danza. El danzar inmóvil se inscribe en una atmósfera esotérica y evidentemente espiritual. El hilar, por su parte, tiene connotación mitológica:

---

[38]   El yin y el yang "son los dos polos de la manifestación universal; y, en todas las cosas manifestadas, el *yang* nunca va sin el *yin*, ni el *yin* sin el *yang*, puesto que su naturaleza participa a la vez del Cielo y de la Tierra", René Guénon, *La gran tríada* (Barcelona: Ediciones Obelisco, 1986), p. 40.

> *tú,*
> *la que hila*
> *en la velocidad*
> *ciega*
> *del sol* (vs. 16-20)

El hablante lírico (el principio dinámico) coincide con el *yang* en este juego de oposiciones y aparece como siervo o vasallo. Se explica esta condición en el besar los pies de la amada y en la connotación religiosa del término *marfil,* que simboliza la belleza, la pureza y la fortaleza moral [39]. Las palabras *llama* y *amor,* en:

> *llama;*
> *lengua*
> *de amor*
> *viva* (vs. 55-58)

cogen reminiscencias bíblicas [40] del lenguaje de San Juan de la Cruz [41].

En esta imagen cósmica de la mujer ella es *vertiente* (v. 26), o es aludida como la nieve andina que, en el nivel referencial, alude a la cordillera de los Andes chilenos, escenario natal del poeta, siempre nevada en sus cumbres más altas. Así, la mujer del poema es:

---

[39] "Ivory has two outstanding qualities: the whiteness of its color and the firmness of its texture. From these qualities come the symbols of purity and moral fortitude", George Ferguson, *Sign & Symbols in Christian Art* (New York: Oxford University Press, 1959), p. 23.

[40] "One of the last scenes in which the Virgin Mary appeared was on the occasion of the Feast of Pentecost, following Christ's Ascension... 'And there appeared unto them cloven tongues like as of fire, and it sat upon each of them. And they were all filled with the Holy Ghost, and began to speak with other tongues, as the Spirit gave them utterance'", Ferguson, *Signs & Symbols,* pp. 43-44.

[41] En lenguaje místico el alma ya transformada por Dios "está hecha fuente de aguas vivas, ardientes y fervientes en fuego de amor, que es Dios". *Vida y obra de San Juan de la Cruz,* p. 876.

fragancia
de otra música
de nieve
sigilosamente
andina (vs. 67-71)
...
cordillera, tú,
crisálida
sonámbula
en el fulgor
impalpable
de tu corola:
tú (vs. 86-92)

El término *crisálida* evidentemente se refiere a la cualidad geminativa del agua en asociación con la mujer, unida a lo primordial, natural y guardadora de la vida en eterno cambio.

La mujer, como en la mejor poesía lírica, es identificada con la Poesía y con el Espíritu:

Tú,
Poesía,
tú,
Espíritu (vs. 94-97)

Es esta mujer sagrada la que redime del miedo y la soledad, del miedo a morir, o como dice Gonzalo Rojas, de este ir:

del polvo
al polvo,
del miedo
al miedo,

de la sombra
a la nada [42].

---

[42]   Gonzalo Rojas, "Fragmentos", vs. 47-52, *50 poemas*, pp. 52-53.

DAMA DE CORAZONES, DE XAVIER VILLAURRUTIA: EL DISCURSO POETICO Y LOS ELEMENTOS ARQUETIPICOS

Dama de corazones fue escrita entre los años 1925 y 1926 y publicada en 1928. Xavier Villaurrutia tenía entonces 25 años de edad. *Dama de corazones* es de corta extensión, como muchas otras novelas de la primera etapa del vanguardismo. Julio, el protagonista, es el narrador. A través de sus ojos circula la savia imaginativa y se ordena el cosmos narrativo. Estructuralmente, la novela está dividida en quince segmentos. Todos ellos tienen un mínimo de anécdota y refieren distintos hitos de emoción que experimenta el protagonista. Estos quince segmentos pueden reagruparse en ocho momentos psicológicos:

1. Es de noche. Julio, joven mexicano, estudiante de la Universidad de Harvard, llega a casa de su tía Mme Giscard. Esto lo hace recordar su infancia. Al amanecer, sus evocaciones son especialmente sugeridas por el inminente reencuentro con sus dos primas, Aurora y Susana. Estas evocaciones hunden a Julio en una introspección retrospectiva.

2. A la mañana siguiente se produce el reencuentro y Julio teme revelar que no sabe distinguir entre Aurora y Susana. La duda se disipa durante la conversación; sin embargo, subsiste la duda sobre las personalidades, pues ambas parecen haz y envés de una

misma moneda, o como dos mitades de una carta de naipes: la dama de corazones.

3. En el tercer momento se profundiza el juego dialéctico de dualidad-unidad. Susana y Aurora parecen, a veces, semejantes. La indecisión proviene de que, a semejanza de las dos figuras de la dama de corazones, ellas también están en una sola carta de naipes; es decir, en una sola unidad. De esta manera, Julio no puede "jugar" a ninguna de las dos, separadamente. Susana y Aurora están en su única carta: dama de corazones. Julio va de una a la otra, en una ansiedad sin tregua. Este dilema lo inmoviliza y así no se decide por ninguna de las dos.

4. El sueño es una gran evasión. Julio se sumerge en un sueño que lo hace participar en una travesía marítima. Más adelante, sueña que se muere y que asiste a su propio funeral. Va en el cortejo hasta el cementerio; oye la oración fúnebre y escucha su panegírico.

5. Amigos desde todas las ciudades de Europa le escriben cartas. Notas de viajes lo transportan a diversas ciudades de Europa. Sus pensamientos lo sumen en elucubraciones sobre los actos gratuitos de los seres humanos y también en la vejez.

6. El mensaje corto y rotundo de que su tía ha muerto corta sus elucubraciones. Este hecho lo precipita a la certeza de que él "no está muerto", evidencia que Julio considera no es posible sino frente a "la muerte de otra persona". En la ceremonia velatoria, Julio presencia la llegada de los visitantes y escucha las usuales condolencias. Ve las tribulaciones de sus primas. Julio pasa por la experiencia de comprar un cajón funerario. Va a la calle de las inhumaciones. La explotación comercial de la muerte le despierta su sentido irónico humorístico y tragicómico.

7. Ha finalizado el funeral de Mme Giscard. La vida va a cambiar para todos los personajes. Aurora

se va a casar con M. Miroir. El casamiento se hará "sin turbación amorosa". Aurora está más comunicativa y Julio escucha respuestas a preguntas no formuladas, pero que le hubiera gustado hacer. Este estado de sintonía anímica produce entre Julio y Aurora "una larga conversación en silencio". Julio va a dejar a Aurora a la estación. Ambos están conscientes de que al otro día Julio también partirá para siempre.

8. Es el día siguiente. Llueve. El joven siente que algo ha cambiado para siempre en su ser íntimo. Ahora tiene un pasado. El tiempo se le aparece como algo irreversible. Dejará la casa y su cuarto vacíos. El partir es como morir. Va a la estación y en el andén continúa pensando: ahora en Susana. Duda de si la quiere. En un esfuerzo por borrarla de su memoria cierra los ojos "como si con ello la dama de corazones desapareciera de todas las barajas del mundo" (p. 595) [1]. El tren parte. Julio busca fortaleza en una frase: "Los débiles se quedan siempre. Es preciso saber huir" (p. 596).

Los anteriores son ocho momentos dramáticos en los cuales Julio ha pasado de una primera adolescencia a una juventud consciente. Los ocho momentos psicológicos se refieren a dos problemas esenciales que se plantean en la obra: la búsqueda de la identidad en la crisis de la adolescencia y, ligado a éste, la oposición dualidad-unidad, y el problema de la muerte y del paso del tiempo.

Se ha afirmado que la novela es siempre un género autobiográfico. En *Dama de corazones* aparece la crisis de un adolescente que, de una u otra manera, podría reflejar las vivencias del autor. Julio es un ado-

---

[1] Xavier Villaurrutia, *Obras,* comp., Miguel Capistrán, Alí Chumacero y Luis Mario Schenider, 2.ª ed. (1953; rpt. México: Fondo de Cultura Económica, 1974).
Todas las citas de *Dama de corazones* están tomadas de esta edición.

lescente que, según su autorretrato, usa trajes holga-
dos, camisas blandas y camina con cigarrillos mojados
en perfume, "efímeros, perfectos". En la obra, Julio
demuestra al principio mucha inmadurez. Se autode-
fine frívolo y alegre. Julio tiene la evidencia de haber
perdido el paraíso de la infancia, pero teme enfrentar
la realidad.

En un momento simbólicamente fetal, Julio dice:
"Temo abrir los sentidos a una vida casi olvidada, casi
nueva para mí" (p. 571).

Amanece. Julio está en su cama. Aprieta sus párpados para aferrarse a unas imágenes hermosas en
colorido y a sus mantas tibias. Su regodeo es deleita-
ble. Estos momentos se refieren a imágenes arquetípi-
cas fetales y a sus connotaciones de refugio, tibieza y
seguridad. Dice Julio: "Me cargo en el lecho, hun-
diéndome temeroso y gustoso en los cojines, en las
mantas, como deben hacerlo los enterrados vivos a
quienes la vida les hace tanto daño que, a pesar de
todo, no quieren volver a ella" (p. 571).

Julio es tímido, introvertido. El mundo es para él
incierto, temible, peligroso, hostil. El es un adolescente en busca de su identidad. Lo femenino, con su
fuerza polarizadora, el tiempo, la vejez, la muerte,
constituyen su problemática.

El sueño es también para él una evasión. Según
Julio, el sueño es semejante a la muerte; el que no
sueña está muerto. Merlin Forster afirma que inclu-
sive en la poesía de Villaurrutia el sueño es también
un tema importante: "Otro elemento temático de
importancia se desarrolla en las composiciones que
versan sobre la realidad y la irrealidad de los sue-
ños..."[2]. El sueño es una clase de muerte y está aso-

---

2   Merlin H. Forster, *Los contemporáneos. 1920-1932. Perfil de un
experimento vanguardista mexicano* (México: Ediciones de Andrea, 1964),
p. 85.

ciado con oscuridad y noche. En nuestro nacer y en nuestro morir venimos y vamos hacia una oscuridad inquietante. Por lo desconocido, este tránsito despierta pavor. En la primigenia asociación arquetípica del alma humana la oscuridad es asociada con peligro, con la muerte.

Toda la obra de Villaurrutia está traspasada de la angustia de la muerte. El autor sufría de una dolencia cardíaca muy poco divulgada debido a la natural reserva que él siempre guardó[3]. En *Dama de corazones* hay una referencia a este hecho. Dice Julio: "Cuando le dije que no había podido entrar al servicio de Francia durante la guerra, por mi enfermedad del corazón, no se ha mostrado seria" (p. 575). Hay, además, otra alusión velada a la fragilidad de su vida. Susana le ausculta la mano izquierda y se pone seria como si hubiese descubierto su trágico destino: "Susana me mira ávidamente la palma. Se turba. Cierra los ojos. Vuelve a mirar... Al fin, abandona mi mano. Interrogo sus resultados. Sonríe con tristeza y amargura" (p. 583). Sabido es que Villaurrutia era bastante aprehensivo y concedía algún margen a la superstición. A este respecto Merlin Forster comenta que el autor, aunque racional e intelectual en muchos aspectos de su vida, era al mismo tiempo notablemente supersticioso y algo obseso[4]. Luego de este enigmático comportamiento de Susana, Julio se duerme y sueña con una travesía por mar. El está sobre la cubierta de un barco y conversa con una mujer que es, presumiblemente, la muerte. Antes de tener este sueño, Julio ha dicho: "Comprendo que he

[3] Frank Dauster, *Xavier Villaurrutia* (New York: Twayne Publishers, Inc., 1971), p. 18.

[4] Merlin H. Forster, *Fire And Ice: The Poetry of Xavier Villaurrutia* (Chapel Hill: North Carolina Studies in the Romance Languages and Literatures, University of North Carolina at Chapel Hill, Department of Romance Languages, 1976), p. 12.

despertado para caer definitivamente en el sueño"
(p. 583). Octavio Paz ha escrito: "La muerte es vida.
Así quiso Xavier sugerir que en la vigilia, si somos
lúcidos, vivimos nuestra muerte. El contenido de nuestra vida es nuestra muerte. Estamos habitados por
ella"[5]. En *Dama de corazones,* como en todas las
obras de Villaurrutia, hay muchas referencias a la
muerte. Julio la define en forma vanguardista: "Morir
no es otra cosa que convertirse en un ojo perfecto que
mira sin emocionarse" (p. 586).

Julio ve en Aurora y Susana al eterno femenino.
Son realidades ambiguas, desconcertantes. Al principio, le parecen dos seres diferentes, casi antagónicos,
irreductibles, opuestos en su apariencia y en sus personalidades y acciones. Si Aurora lo escucha, no lo
mira ni ve. Si Susana lo mira y ve, no lo escucha. No
obstante la disimilitud entre sus primas, él las considera, a ratos, muy semejantes. Así, puede ver a
Susana en Aurora y a Aurora en Susana. Como
ambas tienen el cabello color cobre, puede ver los
colores oscuros en el pelo color cobre de una y los
colores claros en el pelo color cobre de otra. Ambas
están sobrepuestas en la conciencia y el recuerdo del
joven, "como dos películas destinadas a formar una
sola fotografía. Diversas, parecen estar unidas por un
mismo cuerpo, como la dama de corazones de la
baraja" (p. 576).

Para el protagonista de *Dama de corazones,*
Susana y Aurora presentan un desafío en la búsqueda
de sí mismo, de su identidad. Aurora y Susana son
dos aspectos cambiantes de su alma, de un yo que está
en la búsqueda de completarse, ya en una, ya en otra;
es decir, la realización a través del eterno femenino.
Según las connotaciones espirituales de Julio, su alma

---

[5] Octavio Paz, *Xavier Villaurrutia en persona y en obra* (México: Fondo de Cultura Económica, 1978), p. 81.

es gemela o semejante a la de Aurora, por ello busca completarse en Susana. Sin embargo, Julio tiene un concepto negativo del matrimonio. Refiriéndose al casamiento de Aurora con M. Miroir, dice: "Aurora no ama a su prometido, que se casará con ella sin amarla" (p. 578). Julio sugiere, incluso, que el matrimonio de Mme Giscard tuvo una trayectoria de frustraciones y deslealtades. La cualificación es también negativa y peyorativa. De Mme Giscard dice que "el luto de su esposo no lo conserva sino en los cabellos" (p. 574); y afirma con su humor negro del absurdo que el verdadero noviazgo de Mme Giscard "empezó con la súbita enfermedad de su esposo y se afianzó en su agonía prolongada al grado que el día de la muerte de M. Giscard fue para ella el primer día de matrimonio" (p. 591).

Ir hacia Susana sería para Julio confiar en el amor: creer que la dualidad puede reducirse a una unidad. Todo en el universo está dividido en mitades antagónicas: una comienza cuando la otra termina. La tensión dialéctica que les da su fortaleza es su oposición. Así, el día de la noche, la vida y la muerte, lo femenino y lo masculino, son fases de un mismo ciclo. Julio está enfrentado a esta ambivalencia y resuelve continuar siendo un hombre isla. Este momento de su vida necesita de fuerza nietzscheana y ésta viene en forma de frase: "Los débiles se quedan siempre. Es preciso saber huir" (p. 596).

En *Dama de corazones* hay un manejo de una atmósfera vanguardista y cierto escepticismo ultraísta. Están presentes la proclividad a la evasión, a la intrascendencia; la ausencia de lo sentimental; una gran proliferación de imágenes; un mundo de sensaciones e impresiones; ciertas pinceladas de humorismo; cosmopolitismo; nutrida alusión a viajes, trenes, barcos y estaciones. Hay también una concepción caótica y amoral de un mundo inasible y fugitivo.

Dama de corazones tiene influencia impresionista. Los objetos aparecen deformados por la luz, o como imágenes plásticas basadas en el matiz: "La luz me traiciona un poco, alargándome" (p. 572); "La luz dorada afuera, se tamiza suavemente en los cristales y en las cortinas de ligera cretona" (p. 574); "El agua barniza el asfalto de las calles llenas de los reflejos de las ventanas iluminadas" (p. 595). "El cristal se llena con pequeñas franjas de un amarillo tenue, con puntos de un rosa ligero, con pinceladas de un dorado débil" (pp. 583-84); "Siento que una niebla empaña mis ojos. Te miro esfumada y con una aureola de luz sobre la cabeza" (p. 579); "Ya estará la mañana dorada y madura afuera" (p. 571).

Algunas imágenes plásticas recuerdan a Chirico, con su arsenal de ventanas, puertas, escaleras, calles desiertas en un fondo sugerente de esquinas esfumadas en la niebla: "Me asustan las calles desiertas... Esta casa deja ver una recámara deshecha, abandonada, con el hueco frío de la cama en desorden. Aquella otra ha metido a la sala un trozo de la calle en su gran espejo... Los canarios, olvidados en sus balcones, parecen de piedra mal pintada. Hojas de árboles, duras, brillantes o tornasoles del polvo..." (p. 591).

La novedad cubista de Picasso es también mencionada: "De pronto un nuevo paisaje se detiene, se solidifica, se parte en bonitos trozos geométricos superpuestos, aislados, que no recuerdan nada humano y que producen idéntica sensación agradable que la muda inteligencia de dos personas en un solo momento, frente a un suceso imprevisto, conectadas por un solo brillo de la mirada. En seguida, forman el cuadro siete letras que hacen una palabra: Picasso" (p. 584).

Inmerso en la corriente vanguardista, Villaurrutia expone ideas que son el credo poético del movimiento: "No me conmueve esa poesía llena de fibras que sacuden el corazón como un muñeco y lo hacen sangrar con un dolor innecesario" (p. 581).

En esta novela se menciona, entre otros, a Rimbaud, Cocteau, Reverdy, Apollinaire, Mallarme, Proust, Giraudoux.

Es interesante notar que en la *Dama* no faltan los elementos humorísticos y las ingeniosidades: "La miro como se mira un pleonasmo en la página de un estilista" (p. 584); "La busco en el comedor, en la cubierta, con el mismo ahínco con que el poeta busca una consonante en 'encio'. Pero en el comedor, en la cubierta sólo encuentro las mismas caras familiares como el poeta sólo encuentra 'confidencio', 'reverencio', 'silencio'" (p. 585).

En otras ocasiones recurre a imágenes gráficas con audacias vanguardistas: "Una nube atenta cubre el sol y hace de tragaluz" (p. 577). Refiriéndose a una golondrina, escribe que "atraviesa el aire, ciega como una flecha que no sabe dónde queda el blanco" (p. 572); y, aún más, dice que la golondrina "toca el suelo, va, vuelve y, antes de partir para siempre, firma con una rúbrica antigua, infalsificable" (p. 572).

Dama de corazones, junto con entregarnos un esfuerzo de prosa vanguardista, nos presenta la irreductible antinomia de la dualidad universal, dinámica y desafiante, que nos conmueve con su contradictoria presencia.

INDICE

Este libro se terminó de imprimir el día 30 de diciembre de 1988.

editorial **BETANIA**

Apartado de Correos 50.767
28080 Madrid. ESPAÑA.

CATALOGO

● **COLECCION BETANIA DE POESIA.** Dirigida por Felipe Lázaro:

— *Para el amor pido la palabra,* de Francisco Alvarez-Koki, 64 pp., 1987.
— *Piscis,* de José María Urrea, 72 pp., 1987.
— *Acuara Ochún de caracoles verdes (Poemas de un caimán presente), Canto a mi Habana,* de José Sánchez-Boudy, 48 pp., 1987.
— *Los muertos están cada día más indóciles,* de Felipe Lázaro, 40 pp., 1987.
— *Oscuridad Divina,* de Carlota Caulfield, 72 pp., 1987.
— *Trece Poemas,* de José Mario, 40 pp., 1988.
— *El Cisne Herido y Elegía,* de Luis Ayllón Carrión y Julia Trujillo, 208 pp., 1988.
— *Don Quijote en América,* de Miguel González, 104 pp., 1988.
— *Palíndromo de Amor y Dudas,* de Benita C. Barroso, 72 pp., 1988.
— *La Casa Amanecida,* de José López Sánchez-Varos, 72 pp., 1988.
— *Transiciones,* de Roberto Picciotto, 64 pp., 1988.

● **COLECCION ANTOLOGIAS:**

— *Poetas Cubanos en España,* de Felipe Lázaro. Prólogo de Alfonso López Gradoli, 176 pp., 1988.
— *Poetas Cubanos en Nueva York,* de Felipe Lázaro. Prólogo de José Olivio Jiménez, 264 pp., 1988.
— *Poetas Cubanos en Miami,* de Felipe Lázaro (en preparación).
— *Poesía Chicana,* de José Almeida (en preparación).

● **COLECCION DE ARTE:**

— *José Martí y la pintura española,* de Florencio García Cisneros, 120 pp., 1987.

- **COLECCION ENSAYO:**

  — *Los días cubanos de Hernán Cortés y su lucha por un ideal,* de Angel Aparicio Laurencio, 48 pp., 1987.
  — *Desde esta orilla: Poesia Cubana del Exilio,* Elías Miguel Muñoz, 80 pp., 1988.

- **EDICIONES CENTRO DE ESTUDIOS POETICOS HISPANI-COS. Dirigida por Ramiro Lagos:**

  — *Oficio de Mudanza,* de Alicia Galaz-Vivar Welden, 64 pp., 1987.
  — *Canciones Olvidadas,* de Luis Cartañá (6.ª edición), 48 pp., 1988. Prólogo de Peré Gimferrer.
  — *Permanencia del Fuego,* de Luis Cartañá, 48 pp., 1988. Prólogo de Rafael Soto Vergés.

- **COLECCION CIENCIAS SOCIALES. Dirigida por Carlos J. Báez Evertsz:**

  — *Educación Universitaria y Oportunidad Económica en Puerto Rico,* de Ramón Cao García y Horacio Matos Díaz, 216 pp., 1988.

- **COLECCION PALABRA VIVA:**

  — *Conversación con Gastón Baquero,* de Felipe Lázaro, 40 pp., 1987.